AF321473

Heike Catherina Mertens, Franziska Solte (Hrsg. | Eds.)

Haroon Mirza

– – {}{}{}

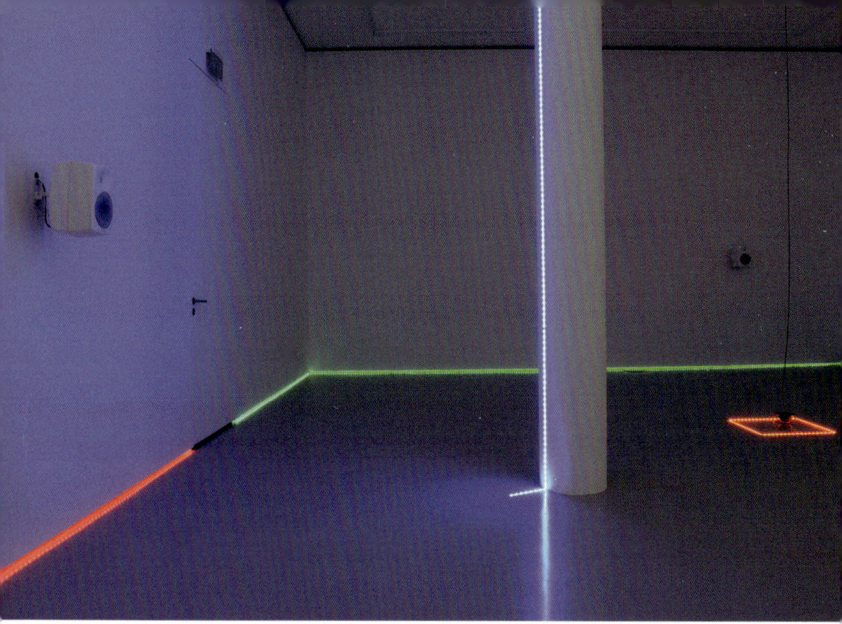

Acid Reign, 2012, Schering Stiftung, Berlin

--000 0--0000--0

Ein Wahrnehmungsexperiment zwischen digitaler und voralphabetischer Welt

Heike Catherina Mertens

Ein kleiner Goldklumpen, der auf einer Lautsprecher-box im Takt eines elektronischen Basses auf und ab hüpft, ein leuchtendes LED-Band locker als Dreieck an einer Stellwand in der Ecke aufgespannt, ein kleines versteck-tes Display und weitere Boxen – alle Elemente präzise

platziert zwischen unverkleideten Trockenbauwänden.
Etwas trashig wirkt die Anordnung auf den ersten Blick,
eine Art provisorischer Transitraum. Doch wird man
beim Betreten dieses Raumes im Grand Pavillon der
54. Biennale in Venedig sofort von dem durchdringen-
den elektronischen Ton in den Bann geschlagen. In
seinem monotonen Rhythmus versetzt er den Besucher
beinahe in einen tranceartigen Zustand, der durch den
Anblick des tanzenden Goldklumpens verstärkt wird.
Erst ein Jahr später erfahre ich in einem Gespräch
mit dem Künstler Haroon Mirza, dass es sich tatsächlich um reines Gold handelt mit dem Gewicht einer
1-Pfund-Münze. *Sick* — so der Titel der Arbeit — ist sein
Kommentar zur globalen Finanzkrise.

Aus der ersten Begegnung mit den Werken Haroon
Mirzas entstand die Idee, den Künstler einzuladen, für
den Projektraum der Schering Stiftung eine neue Arbeit
zu schaffen. Seit 2009 präsentiert die Stiftung hier
Künstler, die interdisziplinär und forschend arbeiten.
Die Positionen der ausgestellten Künstler sind in ihren
Ausdrucksformen und ihren konzeptionellen Ansätzen
sehr unterschiedlich. Unter ihnen sind Kunstschaffende,
die ausgehend von konkreten künstlerischen Projekten ihre Arbeiten im
Dialog mit Wissenschaftlern entwickeln oder wissenschaftliche Themen
und Methoden spielerisch aufgreifen und in ästhetischen Versuchsan-
ordnungen neu interpretieren; andere Künstler reflektieren kritisch das
Wissenschaftssystem selbst und seine Bildproduktion. Mit der Einladung
an Haroon Mirza verband sich der Wunsch, zum 10-jährigen Jubiläum der
Stiftung einen exzeptionellen Künstler in Berlin vorzustellen, der sich auf
eine sehr individuelle Weise unsere digitale Gegenwart aneignet, in dem
er jenes Material erforscht, mit dem er selbst arbeitet und es in immer
neuen Anordnungen zu Wahrnehmungsexperimenten zusammenstellt.

Haroon Mirza nahm die Einladung an und entwickelte über
Wochen die Ausstellung mit dem kryptischen Titel --{}{}{} {}--{}{}{}{}--{}.
Die Typografie ist eine Übersetzung der Schwingungen von Tönen und
Licht. Zusammengesetzt ergeben sie den Klang von *occupied schering-
stiftung* — eine Information, die der Künstler bereitwillig mitteilt, wenn

er nach der Bedeutung des Titels gefragt wird, aber nicht aktiv ins Spiel bringt. Bewusst verzichtet er auf alle Hinweise zur Deutung seines Werkes innerhalb der Ausstellung. In erster Linie geht es um die Erfahrung von Raum und Tonwelt an sich. Und so betritt der Besucher von --0̸00 0̸--0̸0̸00--0̸ einen von Geräuschen und Licht überwältigenden Raum, ein Experimentierfeld für Wahrnehmung. Mit seinen lauten akustischen Tönen und flimmernden Lichteffekten bricht der Künstler mit unseren Hörgewohnheiten: Ist das Krach oder doch Musik?

Rilke schrieb 1903 in seinem Brief an einen jungen Dichter: „Ein Kunstwerk ist gut, wenn es aus Notwendigkeit entstand. In dieser Art seines Ursprungs liegt sein Urteil; es gibt kein anderes."[1] Das geübte Auge und Ohr erkennt sofort, dass Haroon Mirzas Werke aus einer inneren Notwendigkeit heraus entstehen, die an die äußeren, vorgefundenen Begebenheiten gebunden ist. In seinen Ton- und Lichtinstallationen bleibt nichts dem Zufall überlassen. Form und Inhalt seiner Arbeiten nehmen akribisch Bezug auf den jeweiligen Ort. Die elektronischen Kompositionen ergeben sich aus dem verwendeten Material und der vorgefundenen Architektur und sie füllen den Raum aus. Jedes Kabel ist präzise gelegt, jeder Lautsprecher sorgfältig ausgewählt und platziert.

Der 1977 in London geborene Künstler ist derzeit viel unterwegs. Seitdem er 2011 auf der 54. Biennale in Venedig mit dem Silbernen Löwen als „most promising artist" ausgezeichnet wurde, pendelt Haroon Mirza zwischen europäischen, US-amerikanischen und asiatischen Ausstellungshäusern hin und her. Seine Präsentation in der Schering Stiftung ist zwar die erste Einzelausstellung des britischen Künstlers in Deutschland, aber schon die vierte in diesem Jahr – nach seinen Ausstellungen \|\|\|\| \|\|\ in der Kunst Halle Sankt Gallen, /|/|/|/|/|/|/|/|/|/|/|/| in Spike Island, Bristol und /\/\/\ /\/\ im University of Michigan Museum of Art, Ann Arbor. Alle Einzelausstellungen okkupieren durch Ton und Licht die Räume der jeweiligen Ausstellungshäuser.

Für Berlin hat sich Haroon Mirza mit den spezifischen Charakteristika von Ausstellungsräumen auseinandergesetzt, insbesondere mit der Schattenfuge. Dieser schmale Spalt zwischen Wand und Boden hat

1   Rainer Maria Rilke, *Briefe an einen jungen Dichter*, Leipzig 1929, S. 9.

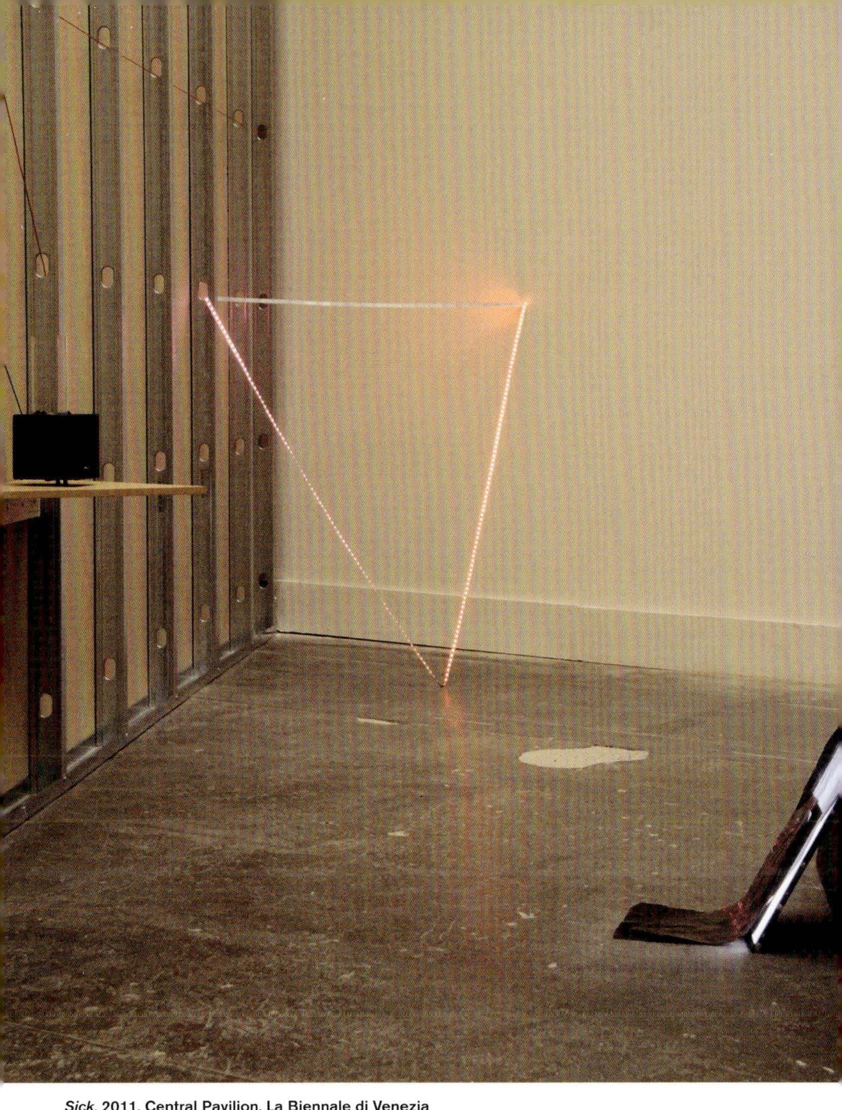

Sick, 2011, Central Pavilion, La Biennale di Venezia

sich zu einem festen Architekturelement des sogenannten White Cube entwickelt, jenem weiß gestrichenen, scheinbar neutralen Raum für zeitgenössische Kunst, in dem das Auge des Betrachters nur auf die Kunst gerichtet sein soll.

Haroon Mirza hingegen rückt gerade diese kaum wahrnehmbare Fuge in den Mittelpunkt seiner mit *Acid Reign* betitelten Installation. Blinkende LED-Bänder definieren den Raum in Rot und Grün. Ein blaues LED-Band markiert den Stützpfeiler im Raum, ein weiteres rotes die Revisionsklappe am Boden. Am Rande dieses roten Feldes hüpfen Aspirintabletten der Firma Bayer auf einem Lautsprecher in Intervallen auf und ab. Damit zieht der Künstler eine weitere Bedeutungsebene ein: Er okkupiert den Raum nicht nur architektonisch, sondern verweist auf die Geschichte der Schering Stiftung, die seit 2006

Marshall McLuhan/Quentin Fiore, *The Medium is the Massage. An Inventory of Effects*, © Jerome Agel, Gingko Press, Hamburg, 2001.

ohne ein Stifterunternehmen im Hintergrund auskommen muss. Seit diesem Jahr existiert Schering nicht mehr als selbständiges Pharmaunternehmen, sondern wurde von der Bayer AG übernommen. Auf dieses Phänomen unserer globalisierten Ökonomie spielt auch das Video in der Ausstellung an, in dem eine weibliche Stimme den englischen Wikipedia-Eintrag zur Bayer AG vorliest, der schon morgen so nicht mehr existieren wird, sondern sich fortlaufend verändert.

„Rein visuelle Wahrnehmungsweisen passen nicht mehr zur Ge-
schwindigkeit elektronischer Kommunikation. Sie sind zu langsam, um
relevant oder effektiv zu sein"[2], schreibt Marshall McLuhan in seinem
1967 erschienenen Buch *Das Medium ist die Massage*, das als Vorbote der Medientheorie gilt und seitdem als Inspirationsquelle zahlreicher bildender Künstler dient. In den Werken von Haroon Mirza ist der visuelle Raum zwar stets präsent, wird aber vom akustischen Raum überformt. Oft kann der Besucher diese auditive Überwältigung kaum oder gar nicht ertragen und weicht zurück, ohne sich der Wahrnehmung ausgesetzt zu haben. McLuhan führt dieses Phänomen auf die im Menschen seit der Renaissance verwurzelte Gewohnheit zurück, „alle Phänomene von einem festen Standpunkt aus zu betrachten"[3], aus einer Perspektive, die den Raum ordnet. Haroon Mirza löst die perspektivische Betrachtung in seinen Installationen auf. Zwar analysiert er architektonischen Raum in seinen Bestandteilen, indem er ihn mit LED-Bändern in Teilen nachzeichnet, aber zugleich verbindet er ihn mit dem akustischen Raum, der − wie McLuhan analysiert − in den voralphabetischen Kulturen dominierend war und in dem Zeit und Raum eine Einheit bildeten.[4] Digitale Gegenwart und archaischer Tonraum prallen aufeinander.

Mit seinen Rauminstallationen nimmt Haroon Mirza eine besondere Stellung innerhalb der zeitgenössischen Kunst an der Schnittstelle zum Klang ein. Es ist ihm gerade nicht an einer Klangbildung gelegen, die sich aus der Zusammensetzung von disparatem Material zu harmonischen Assemblagen ergibt. Haroon Mirza erforscht die

2   Marshall McLuhan/Quentin Fiore, *Das Medium ist die Massage. Ein Inventar medialer Effekte,* zusammengestellt von Jerome Agel, Stuttgart 2011, S. 63.
3   Ebd., S. 68.
4   Vgl. ebd., S. 57.

digitalen Strukturen unserer gegenwärtigen Lebenswelt – von den elektronischen Halbleiter-Bauelementen der Leuchtdioden bis zum webbasierten Lexikonartikel – und transformiert alle Bestandteile in Akustik. Er mutet seinen Rezipienten die unmittelbare Gewalt der gleichzeitig auf ihn niederprasselnden Geräusche zu. Auf diese Weise eröffnet er einen Erfahrungsraum, in dem sich die komplexe Reflexion des vorgefundenen Raumes auf intuitive Form vermittelt. Wer sich auf dieses Experiment einlässt, erfährt, dass Kognition auch ein durch sinnliche Wahrnehmung ausgelöster, verkörperter, situierter und relationaler Prozess ist.

--{}{}{} {}--{}{}{}{}--{}

A Perceptual Experiment between the Digital and the Pre-alphabetic World

Heike Catherina Mertens

A small gold nugget hopping up and down on a speaker to the beat of an electronic bass, a glowing LED strip hung loosely in a triangle in the corner on a partition wall, a small hidden display and more speakers – all these elements are placed with precision between bare drywalls. The array seems somewhat trashy at first, a kind of provisional transit space. But when we enter the site inside the Grand Pavilion of the 54th Venice Biennale, we are immediately mesmerised by the piercing, electronic sound. With its monotonous rhythm, it puts visitors into a near trance-like state that is amplified by watching the dancing gold nugget. One year later, when talking with the artist Haroon Mirza, I found out that the nugget is pure gold and weighs the same as a pound sterling. The work, called *Sick*, is his commentary on the global financial crisis.

This first encounter with Haroon Mirza's art inspired the idea to invite the artist to create a new work for the project space of the Ernst Schering Foundation. Since 2009, this space has served as a platform for presenting artists whose practice is interdisciplinary and investigatory. The approaches of the different artists who have exhibited here vary greatly in terms of forms of expression and concepts. They include artists who develop their works through concrete artistic projects in a conversation with scientists, or who playfully integrate scientific issues and methods and re-interpret them in aesthetic experiments. Still other artists critically reflect on the system of science itself and its image production. Inviting Haroon Mirza was motivated by the desire to present an exceptional artist for the foundation's 10th anniversary, an artist who appropriates our digital day and age in a very individual way by exploring the material he himself works with and by assembling it in ever new arrays to form perceptual experiments.

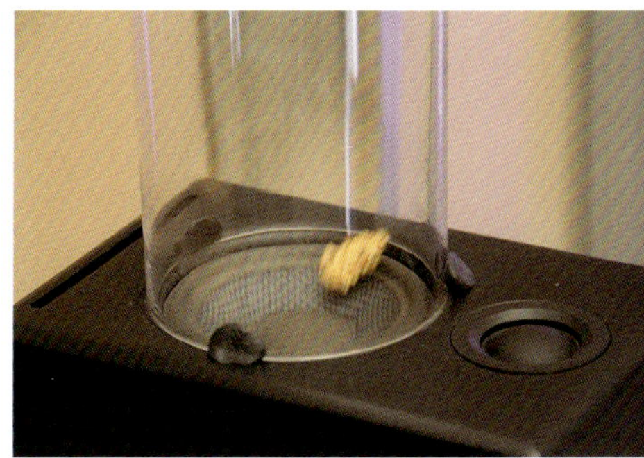

Sick (detail), 2011, Central Pavilion,

La Biennale di Venezia

Haroon Mirza accepted our invitation, and over a period of many weeks he developed the exhibition with the cryptic title --{}{}{} {}--{}{}{}{}--{}. This typography is a translation of the waveform of sound and light. As a unit, it makes up the sound of *occupied scheringstiftung* – a piece of information that the artist readily divulges when asked about the meaning of the title, but which he does not actively bring into play otherwise. He deliberately refrains from allowing any clues in the exhibition about the interpretation of his work. Primarily, it is about experiencing space and the world of sound as such. Those visiting --{}{}{} {}--{}{}{}{}--{} enter an overwhelming space of sound and light, an experimental field for perception. The artist's loud acoustic sounds and flickering light effects enable him to break with our listening habits: is this noise, or is it really music?

Rilke wrote in a letter to a young poet in 1903: "A work of art is good, if it has arisen out of necessity. That is the only way one can judge it."[1] The trained eye and ear immediately recognise that Haroon Mirza's works are born out of an inner necessity that is tied to the given exterior conditions. He leaves nothing to chance in his sound and light installations. The form and content of his works meticulously refer to the site in question. The electronic compositions are created out of the materials he uses and the found architecture, and they fill the entire space. Each cable is precisely laid; each speaker is carefully chosen and placed.

The artist, who was born in 1977 in London, has been travelling a lot lately. Since he was awarded the Silver Lion for most promising artist at the 54th Venice Biennale in 2011, Haroon Mirza has been flying back and forth between different exhibition venues in Europe, the US and Asia. Although his show at the Ernst Schering Foundation is the British artist's first solo exhibition in Germany, it is already his fourth show this year, following \|\|\|\| \|\|\ at Kunst Halle Sankt Gallen, /|/|/|/|/|/|/|/|/|/|/|/| /|/|/| at Spike Island in Bristol and /\/\/\ /\/\ at the University of Michigan Museum of Art in Ann Arbor. All of these solo exhibitions rely on sound and light to occupy the space of each exhibition institution.

For the show in Berlin, Haroon Mirza explored the specific features of exhibition spaces, particularly shadow gaps. These small gaps between the wall and the floor have become an architectural fixture in the so-called White Cube – the white, seemingly neutral space of contemporary art that encourages the eye of the beholder to fix itself only upon the art. Haroon Mirza, on the other hand, turns this barely perceptible gap into the focal point of his installation entitled *Acid Reign*. Flickering LED strips define the room in red and green. A blue LED strip marks the pillar in the room, while a red strip outlines the floor hatch. Within this red field, aspirin pills made by the Bayer Corporation hop up and down in intervals on a speaker. The artist thus integrates another level of meaning: he not only occupies the space architecturally, he also refers to the history of the Ernst Schering Foundation, which has been operating without a sponsoring company since 2006. At that time, Schering ceased to exist as an independent pharmaceutical company when it was taken over by the Bayer Group. This phenomenon of our globalised economy is taken up in the video in the exhibition: a female voice can be heard reading the English Wikipedia entry

1   Reiner Maria Rilke, *Letters to a Young Poet*, trans. Stephen Mitchell (New York: Random House, 1984), 9.

for the Bayer Corporation, an entry that will no longer exist in the same
form tomorrow, and which is constantly changing.

"At the high speeds of electric communication, purely visual means
of apprehending the world are no longer possible; they are just too slow
to be relevant or effective," writes Marshall McLuhan in his book *The
Medium is the Massage* published in 1967.[2] This work is regarded as a
forerunner of media theory and is a source of inspiration for numerous
visual artists. In Haroon Mirza's works, the visual space is always present, but it is dominated by acoustic space. Visitors often find the aural
deluge overpowering and retreat without having exposed themselves
to the experience. McLuhan associates this phenomenon with a human
habit that can be traced back to the Renaissance, that "of regarding all
phenomena from a fixed point of view", from a perspective that organises
space.[3] Haroon Mirza dissolves beholding led by this perspective in his
installations. While he may analyse the elemental parts of the architectural space by partially re-drawing this space with LED strips, he also links
it to the acoustic space, which, according to McLuhan, was dominant in
pre-alphabetic societies and is where time and space form a unit.[4] The
digital present and the archaic sound space collide.

Through his spatial installations, Haroon Mirza occupies a special
position within contemporary art at the interface to sound. His objective
is not the formation of sound through the composition of disparate
materials into a harmonic assemblage. Haroon Mirza explores the digital
structures of our contemporary lifeworld – from the electronic semicon-
ductor building blocks of the light emitting diodes (LEDs) to the web-
based encyclopaedia article – transforming all elements into acoustics.
He expects his audience to submit themselves to the immediate force of
the sounds hammering at them all at once. He thus opens up a space
of experience, where complex reflections on the given site are conveyed
in an intuitive form. Those who are willing to submit to this experiment
will find out that cognition is a process that is triggered, incorporated,
situated and related through perception.

2   Marshall McLuhan and Quentin Fiore, *The Medium is the Massage. An
    Inventory of Effects*, co-ord. Jerome Agel (London: Penguin Books, 1967), 63.
3   Ibid., 68.
4   See ibid., 44.

Haroon Mirza im Gespräch

mit Franziska Solte

Franziska Solte: **In deiner aktuellen Ausstellungsreihe in Michigan, St. Gallen und jetzt in Berlin arbeitest du mit einer reduzierten Auswahl**

an Materialien, mit denen du im jeweiligen Ausstellungsraum intervenierst. Auf den ersten Blick wirkt es, als unterschieden sich diese neuesten Arbeiten von deinen Installationen, bei denen es sich eher um Assemblagen aus vorgefundenen Objekten handelt. Bei näherem Hinsehen könnte man jedoch sagen, dass jetzt die architektonische Situation mit ihren spezifischen Strukturen zum zentralen „gefundenen Objekt" wird. Gibt es hier eine ähnliche Herangehensweise oder ein vergleichbares Interesse?

Haroon Mirza: **Immer wenn ich eine Arbeit installiere, beziehe ich den vorhandenen Raum in meine Überlegungen ein. Ich wäge ab, wie die Objekte, Möbel**

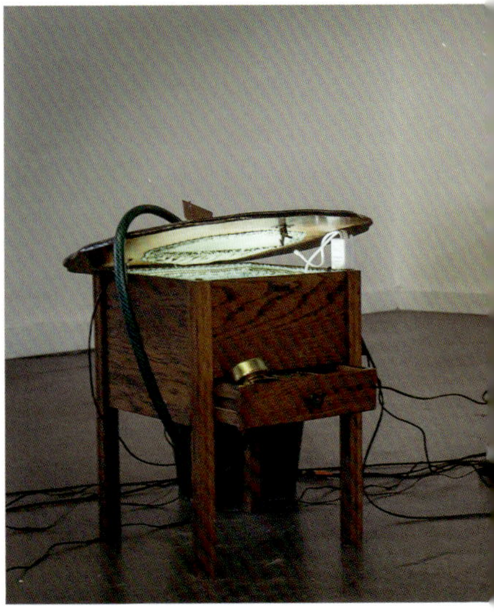

A Sleek Dry Yell (detail), 2008, Kunstverein
Harburger Bahnhof, Hamburg, 2011

und anderen Dinge im Raum funktionieren werden und ob es an dem Ort spezielle architektonische Eigenschaften gibt, die irgendwie genutzt werden können. Aber im Unterschied dazu sind in meinen neuesten Arbeiten die von mir verwendeten Materialien von ihrem Ausmaß her eher minimal. Wenn dann die Frage aufkommt, wie ich dieses im Ausstellungs-

raum präsentiere, führt es dazu, dass der Raum selbst zum Objekt wird. Früher habe ich ein Objekt oder Möbelstück wie etwa einen Nähtisch als Gehäuse benutzt, um Materialien wie LED-Bänder darin unterzubringen. Auf eine Art wird jetzt der Raum zum Tisch oder Möbelstück. Natürlich kann ich den jeweiligen Raum nicht von Ausstellung zu Ausstellung mitnehmen. Die Arbeit muss sich jedes Mal, wenn sie an einem anderen

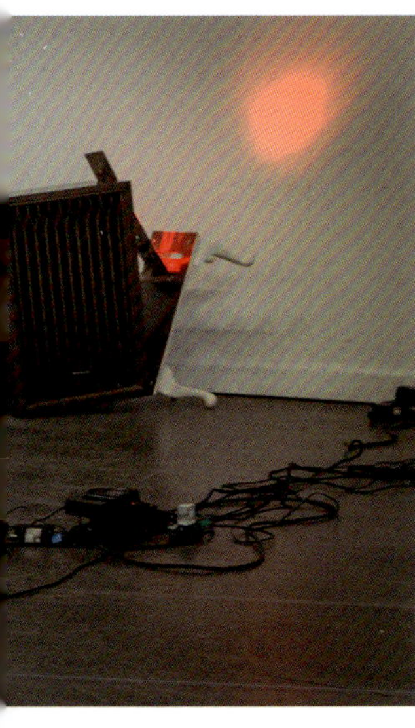

Ort installiert wird, auf den jeweiligen Raum beziehen. Die Menge des Materials, wie z. B. die Menge der LEDs, ist bei jeder Ausstellung unterschiedlich. Folglich ändert sich die Arbeit: Sie passt sich dem Raum an. Sie okkupiert eher den Raum, als ortsspezifisch zu sein.

FS: In deinen Installationen aus vorgefundenen Objekten setzt du die Gegenstände ganz bewusst auf mehreren Ebenen ein: Sie werden zu Auslösern bestimmter Geräusche, die zusammen eine sehr präzis kontrollierte, sich selbst generierende und geloopte Klangkomposition hervorbringen. Andererseits wählst du die Objekte auch in Bezug auf ihre kulturellen Verweise und Konnotationen aus, die diesen innewohnen. Wenn nun der Raum selbst zum Objekt und damit zum Gehäuse der Materialien wie den LEDs wird: Was sind dann die Referenzen des Raumes, die dich interessieren?

HM: Ich denke, der Bezug ist eher abstrakt. Es gibt natürlich kunsthistorische Bezüge, wie etwa zur geometrischen Abstraktion in

der Malerei. Und man könnte an viele Künstler denken, die eine mini-
malistische Herangehensweise bei der Produktion oder Installation
ihrer Werke verfolgen. In dieser Ausstellung in Berlin arbeite ich mit
den Besonderheiten des Raums wie den Schattenfugen. Der zeitgenössische Ausstellungsraum muss sich dauernd umformen und
anpassen, um Audio, Video und andere Medien zu zeigen. Ich interes-
siere mich dafür, wie sich diese Räume verändern und wie diese ehe-
mals funktionalen Räume durch Okkupation zu Präsentationsräumen
werden. Ich habe in der letzten Zeit viel über Schattenfugen nachge-
dacht, weil sie in Kunsträumen allgegenwärtig sind. Sie scheinen ein
architektonisches Detail zu sein, das sich aus den Bedingungen des
Ausstellens heraus entwickelt und durchgesetzt hat wie dem Bedürfnis nach einer geraden Wand, die mehrmals übermalt werden kann,
nach einer Möglichkeit, die Kabel geschickt zu verbergen usw. Es kann
sein, dass ich mit meiner Annahme, dass die Präsentation von Kunst
diese architektonische Form beeinflusst hat, daneben liege, aber ihre
offensichtliche Nützlichkeit und Verbreitung in Kunsträumen finde
ich interessant. Es handelt sich um einen Raum innerhalb des White
Cube, der existiert, aber selten von Kunstwerken besetzt wird. Also
wollte ich versuchen, diesen Raum für mich zu reklamieren oder eher
ihn „zu okkupieren". Dabei gibt es eine lose Beziehung zur politischen Occupy-Bewegung von heute. Die Frage ist, auf welche Weise
ich mich damit auseinandersetzen kann. Im September wird es eine
Ausstellung im New Museum in New York geben, wo ich mich weiter
mit dieser Idee beschäftigen will.

FS: Für deine Installation in Berlin mit dem Titel *Acid Reign*
nimmst du den Projektraum der Schering Stiftung als ein „gefundenes
Objekt" nicht nur in seiner physischen, architektonischen Beschaffen-
heit ein, sondern beziehst dich auch auf seinen institutionellen Kontext
und seine Geschichte. Wie setzt du dies in der Arbeit konkret um?

HM: Ich habe mich dafür interessiert, einen gesprochenen Text
als weitere Klangebene einzubeziehen. Auf einem Monitor wird ein
Video gezeigt, das zwei Geräusche erzeugt. Erstens ein Geräusch,
das durch einen Kupferstreifen auf dem Bildschirm entsteht, der
die elektromagnetische Spannung von der Oberfläche abnimmt und
direkt in den Audioeingang des Monitors führt, wo die Spannung in
ein Geräusch transferiert und verstärkt wird. Zweitens der Ton der

DVD selbst, also der gesprochene Text, bei dem es sich um einen vor-
gelesenen Abschnitt aus dem Wikipediaeintrag zur Bayer AG handelt.

FS: Was interessiert dich an der Geschichte der Bayer AG?

HM: Zunächst war ich nur an der Geschichte der Schering Stiftung
interessiert, da sie ja die Ausstellung organisiert. Und obwohl die Stiftung selbst relativ unabhängig von der Firma ist, wurde die Schering AG
2006 von der Bayer AG übernommen. Die Bayer AG hat eine sehr vielsei-
tige und kontroverse Geschichte, die sich gut als Thema oder Erzählung
in Form eines gesprochenen Texts eignet. Ich sehe die Bayer AG als ein
interessantes Beispiel für den immensen und manchmal auch verhee-
renden Einfluss von Pharmakonzernen auf unsere Gesellschaft.

FS: Auch wenn 2006 die Schering Stiftung selbst nicht von der
Bayer AG übernommen wurde und unabhängig arbeitet, gibt es zumin-
dest noch die Verbindung, dass das Gebäude, in dem sich die Stiftung
und der Projektraum befinden, der Tochterfirma Bayer-Pensionskasse
gehört. Darüber hinaus öffnen sich aber auch weitere Ebenen, wenn
man den Begriff „okkupieren" im Ausstellungstitel viel allgemeiner mit
den Verkettungen von Firmenübernahmen in Verbindung bringt. Worin
siehst du mögliche Verbindungen zwischen deiner Installation in Berlin
und der aktuellen politischen Konnotation des Begriffs „okkupieren"?
Kannst du das noch ein bisschen erläutern?

HM: Die Arbeit in Berlin konnotiert ein etwas kritischeres Verhältnis zum Begriff „okkupiert" als die beiden vorhergehenden Ausstellungen. Natürlich okkupiere ich diesen Raum nicht, weil ich ja eingeladen
wurde, dort zu sein, aber dadurch, dass ich die Geschichte von Bayer
in dieser Weise anspreche, entsteht eine merkwürdig unaggressive
Konfrontation. Es handelt sich nicht um einen Protest, sondern um die
Präsentation von ideologisch aufgeladenen Informationen innerhalb
des Geltungsbereichs eines Systems, das diese hervorgebracht hat. Es
macht diese Informationen aber auch einfach für Ausstellungsbesucher
sichtbar, die sich nicht unbedingt vorher mit diesen Kontexten auseinandergesetzt haben. Ich teile also eigentlich nur die Mechanismen der
Occupy-Bewegung und nicht ihre Bestrebungen.

FS: Warum war es wichtig für dich, einen Wikipediaeintrag als In-
formationsquelle innerhalb der Installation als Material zu verwenden?

HM: Wikipedia hat sich zum ersten Anlaufpunkt bei der Suche
nach allen möglichen Informationen entwickelt. Die nicht-hierarchische,

demokratische, copyrightfreie und unmittelbare Eigenschaft von Information verwandelt diese in eine sich dauernd wandelnde Eingabe,
die eine „live"-Analogie darstellt wie Geschichte als Fiktion betrachtet
werden kann. Information funktioniert also, wie andere Materialien
in meiner Arbeit auch, als ein Readymade, das von seiner Funktion
befreit und einer alternativen Bestimmung zugeschrieben wird. In
diesem Fall handelt es sich um eine akustische Funktion; es wird Teil
einer größeren Komposi-
tion und reduziert Be-
deutung fast gänzlich auf
eine akustische Form. Die
Frage ist für mich jedoch
interessanter, wenn man
darüber nachdenkt, was es
bedeutet, einen Wikipedia-
eintrag als Text für ein Lied
zu verwenden.

FS: Um deine bishe-
rigen Arbeiten zu beschrei-
ben, schien mir immer der
Begriff der „Übersetzung"
(„transmission") sehr
zentral zu sein, was sich

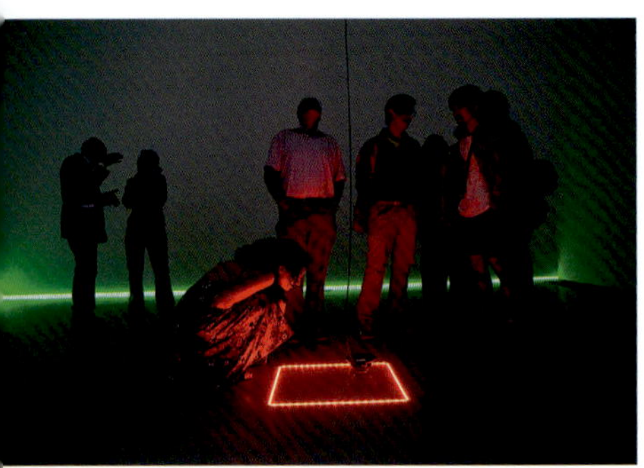

Acid Reign, 2012, Schering Stiftung, Berlin

auch in deiner Entscheidung für die Titel als typografische, visuelle
Entsprechungen von Klang und Licht widerspiegelt. Momentan spielt
der Begriff des „Okkupierens" für dich eine zentrale Rolle. Ich frage
mich, ob sich in der Begrifflichkeit zur Beschreibung deiner Arbeit eine
Verschiebung von „Übersetzung" zu „Okkupation" vollzieht, wenn der
Ausgangspunkt für eine neue
Arbeit, wie in diesen Ausstellungen, eher die räumliche Situation ist?

HM: Nein, ich glaube, beide Begrifflichkeiten sind wichtig. Es gibt
immer noch die Idee oder die Absicht, Typografie zu verwenden, um ein
Bild zu erzeugen, aber auch um etwas zu kodifizieren. Das Bild einer
Wellenform durch einen Text zu erzeugen, interessiert mich, weil es auf
die Idee anspielt, was ein Text immer gewesen ist: eine Repräsentation
von Klang. Zuerst kam der Klang, um ein Objekt zu identifizieren; zuerst
ordnet man ihm einen Klang zu. Im Verhältnis zum gesprochenen Wort

ist Typografie eine Art neue Technologie. Marshall McLuhan spricht von diesem Moment, in dem sich der akustische und der visuelle Raum trennen: Vorher waren der akustische und der visuelle Raum eine einzige Wahrnehmungsebene gewesen. Aber sobald wir anfangen, Wörter für Objekte zu sagen, trennen wir diese Sphären. McLuhan legt nahe, dass der Moment, als Typografie erfunden wurde, eine andere Form der Abstraktion war. Man nimmt eine Abstraktion vor: vom Wort zurück zu einer Grafik, zu einem visuellen Bild. Es handelt sich um eine „Übersetzung" in sich selbst, etwas, das wir als visuelles Ding sehen, wird zu einem phonetischen und dann wieder zurück zu einem visuellen Ding. Das Schreiben der Schallwellen in der Typografie ist also eine Analogie dieser Idee, was für mich eine wichtige Information ist. Es ist eine Analogie, die hilft, die Sinneswahrnehmungen des Hörens und Sehens und die Beziehung zwischen beiden zu verstehen. Technologisch gesehen könnte man argumentieren, dass Syntax nicht mehr wirklich notwendig ist. Es ist sehr gut möglich, dass wir in tausend Jahren keinen Text mehr brauchen und nur noch digitale Mittel haben, dass die Syntax auf Einsen und Nullen reduziert werden kann. Es ist Science-Fiction, aber es ist denkbar.

Der Begriff der „Übersetzung" ist also immer noch wichtig, wenn auch in einem abstrakten Sinn. Der Aspekt des „Okkupierens" bezieht sich mehr auf die Frage, wie man mit dem Raum umgehen soll; es geht darum, nicht ortsbezogen zu sein, sondern zu okkupieren. Dann gibt es natürlich noch die politisierte Konnotation des Begriffs. Die Arbeit, die ich jetzt für die Ausstellung mache, zielt noch ein bisschen mehr auf diese ab, weil sie sich mit einer Geschichte auseinandersetzt, die da ist. Ich schätze, es gibt da eine Dualität von „Übersetzung" und „Okkupation".

FS: Bezogen auf diesen Aspekt der Trennung der verschiedenen Wahrnehmungsweisen, den McLuhan beschreibt, finde ich es interessant, dass es eine lange Kulturgeschichte der Entwicklung von Instrumenten oder Technologien gibt, die eine synchronisierte Verbreitung und Wahrnehmung des Visuellen und Akustischen erleichtern sollten. Zum Beispiel soll in den 1730er Jahren der Jesuit Louis Bertrand Castel ein Gerät entwickelt haben, dass es dem Interpreten ermöglichte, gleichzeitig Klang und visuelle Effekte zu erzeugen. Was interessiert dich heute an der synchronen oder sogar kausalen Beziehung zwischen dem Visuellen und dem Auditiven?

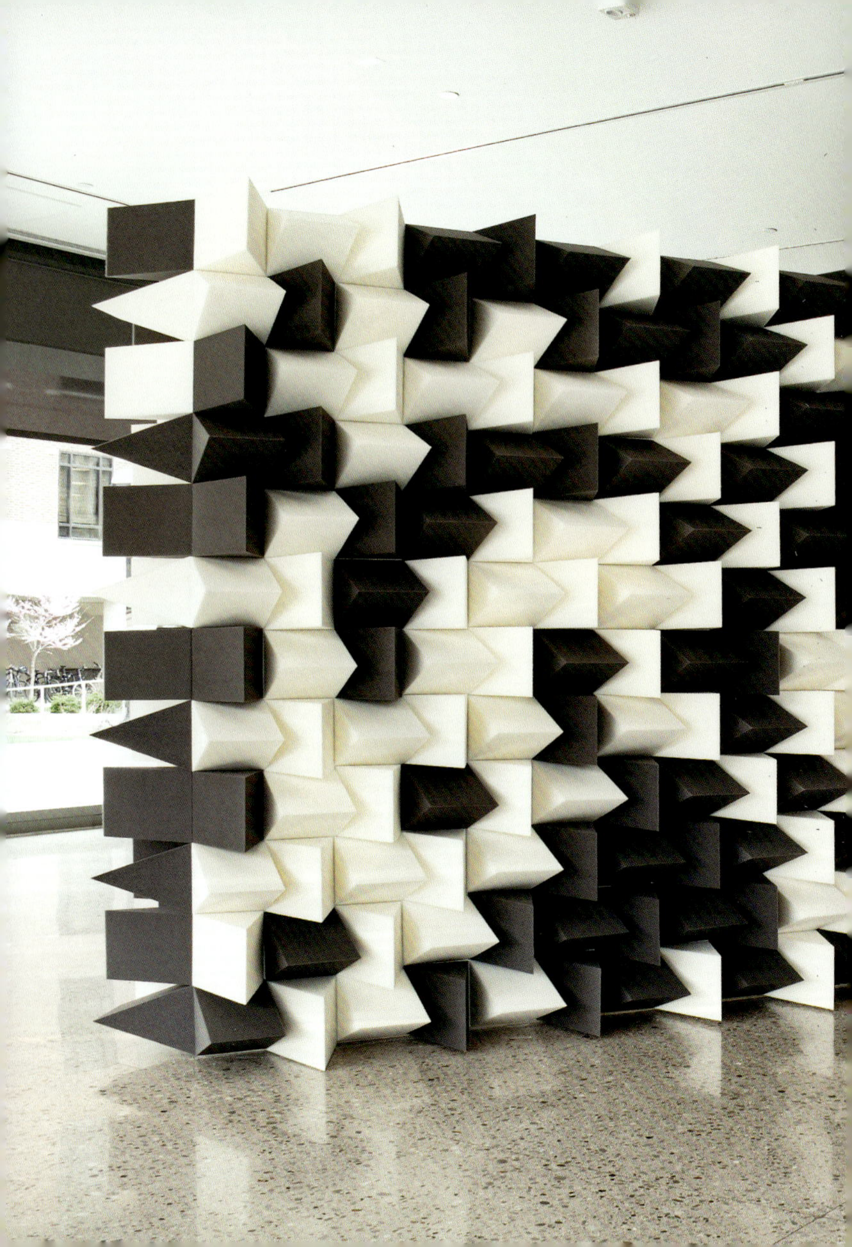

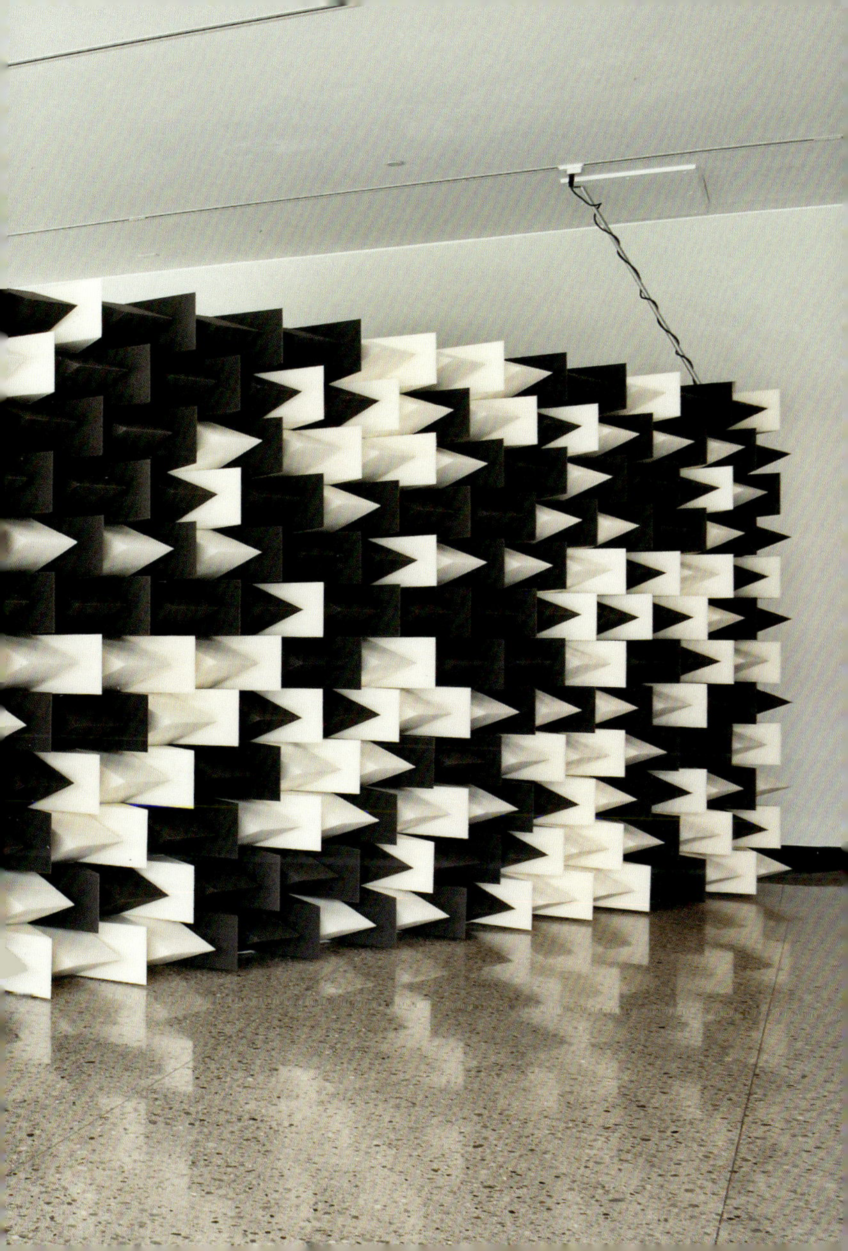

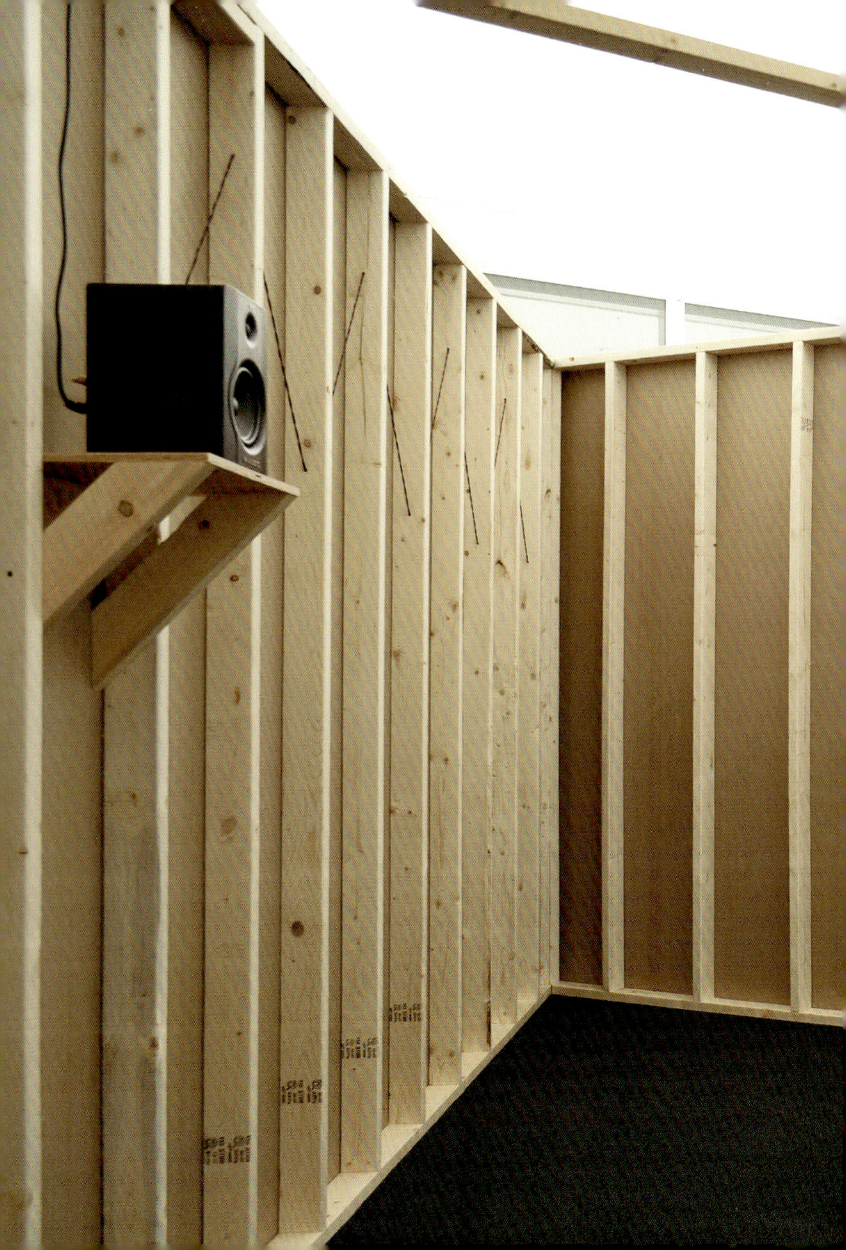

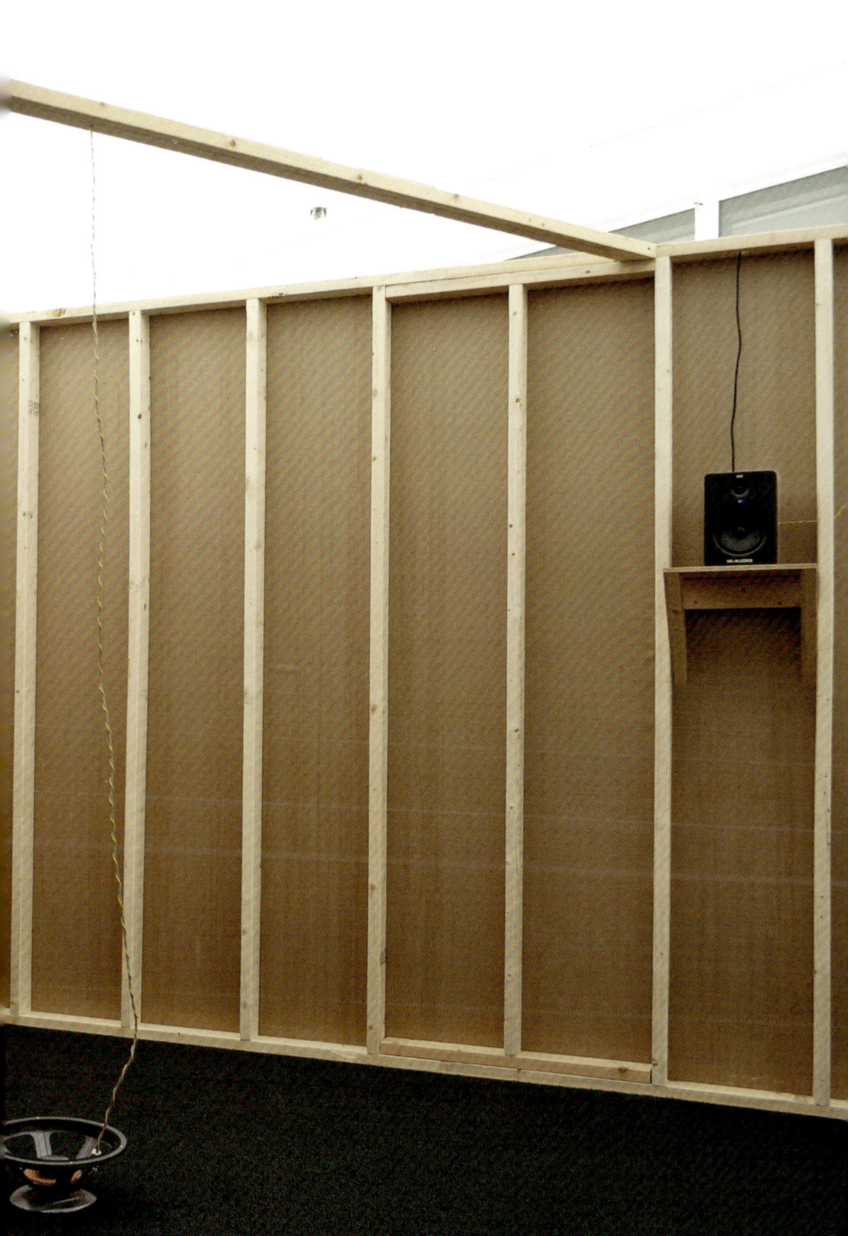

HM: Ich glaube, es gibt eine Art angeborenes oder natürliches Bedürfnis, diese beiden Wahrnehmungsweisen zu vereinen. Es handelt sich um die Idee der Synästhesie, die sich fast immer auf Sehen und Hören bezieht und meistens nicht auf andere Wahrnehmungsweisen. In der Bildenden Kunst existiert eine riesige Geschichte von Versuchen, das Gehörte mit dem Gesehenen zu verbinden, dieses Verhältnis zu verschmelzen – aber auch in der Geschichte der Musik, wenn man etwa an die Musique concrète denkt. Es ist interessant, sich Musiker wie John Cage oder Karlheinz Stockhausen anzuschauen.

Ganz allgemein denke ich, dass es eine Veränderung bezüglich der Funktion von Musik gegeben hat, seitdem es möglich wurde, diese aufzuzeichnen. Ein Musikstück besteht aus Geräuschen und Klängen, die zusammengesetzt und strukturiert werden. Und seit Musik reproduzierbar ist, hat sich die Praxis des Musikhörens von der Produktion der Musik abgelöst. Sie hat sich in Unterhaltung verwandelt, vorher war sie eher funktional. Sie hatte eine soziale, kulturelle Funktion, die mit Liebeswerben, Spiritualität usw. zu tun hatte. Und jetzt sind wir an diesem Punkt, wo wir viele Formen der Kodifizierung und Dekodifizierung von Musik haben, wie etwa das MP3. Wenn man also ein MP3 einer Gitarrenband anhört, dann hört man etwas, das durch viele digitale Prozesse gegangen ist. Man ist abgesondert von der Person, die es ursprünglich geschaffen hat. Aber eigentlich ist Musik- oder Klangproduktion immer etwas Visuelles, es beinhaltet immer etwas Physisches. Also ist dieses synästhetische Verlangen nach der Synchronisation vielleicht etwas, das uns angeboren ist.

FS: In einem seiner letzten Essays stellt der französische Komponist und Theoretiker Michel Chion die Frage, die du gerade angesprochen hast: Ob es sich um ein kulturelles oder natürliches Bedürfnis handelt, Klang und Visualität zu synchronisieren. Zugleich beobachtet er, dass es in der zeitgenössischen Kunst eine richtige Phobie bezüglich eines synchronen Umgangs mit Klang und Bildlichkeit gibt: dass es meistens darum geht, gegen dieses „natürliche" Verlangen nach Synchronität zu arbeiten.[1]

1 Vgl. Michel Chion, „On Synchronism", in: *Utopia of Sound. Immediacy and Non-Simultaneity*, hrsg. von Diedrich Diederichsen und Constanze Ruhm, Wien 2010, S. 19–26.

HM: Ich habe dieses Problem ja eher nicht … Ich glaube aber, dass er recht hat. Es gibt ein natürliches Verlangen, dies zu tun, obwohl ich eigentlich nicht wirklich an die Existenz von etwas Angeborenem glaube. Ich bin eher ein Konstruktivist als ein Essentialist. Geschmack, Verlangen usw. sind hauptsächlich soziale Konstrukte. Es ist eher ein natürlich-physikalisches Ding. Ich kann verstehen, dass man sich in der zeitgenössischen Kunst gegen diese natürlichen Impulse richtet, weil es irgendwie dekonstruktiver oder expressiver ist. Die Frage ist für mich aber eher: Warum sollte Synchronität ein natürlicher Impuls sein? Liegt es daran, dass es tatsächlich einmal etwas Natürliches war, wie McLuhan behauptet? Sind es die Technologien, die diese Wahrnehmungsweisen trennen? Warum geht es um Schall und Licht anstelle von Schall und Geruch? Liegt das daran, dass beide als Wellenform verstanden werden? Also versuche ich weiter herauszubekommen, woher der synästhetische Drang kommt.

FS: Im September hast du eine Ausstellung im New Museum in New York. In welcher Weise wird diese mit deinen Ausstellungen in Michigan, St. Gallen und Berlin in Verbindung stehen?

HM: Die Ausstellung im New Museum wird eine Art Konsolidierung aller technischen und konzeptuellen Aspekte sein, die ich in der Ausarbeitung der drei vorhergehenden Ausstellungen entwickelt habe. Also wird es sich um eine ortsbezogene Installation handeln, die ähnliche Materialien zum Ausgangspunkt nimmt und die Video und Geräusche beinhalten wird. Das ist alles, was ich bei diesem Entwicklungsstand des Projekts sagen kann.

Haroon Mirza in Conversation with Franziska Solte

Franziska Solte: In your more recent exhibitions in Michigan, St. Gallen and now in Berlin, you work with a reduced range of materials, through which you intervene in the given gallery space. At first glance, these latest works seem different in comparison to your installations for which you created more assemblage-like compositions of found objects. But taking a closer look, it seems as if the architec-

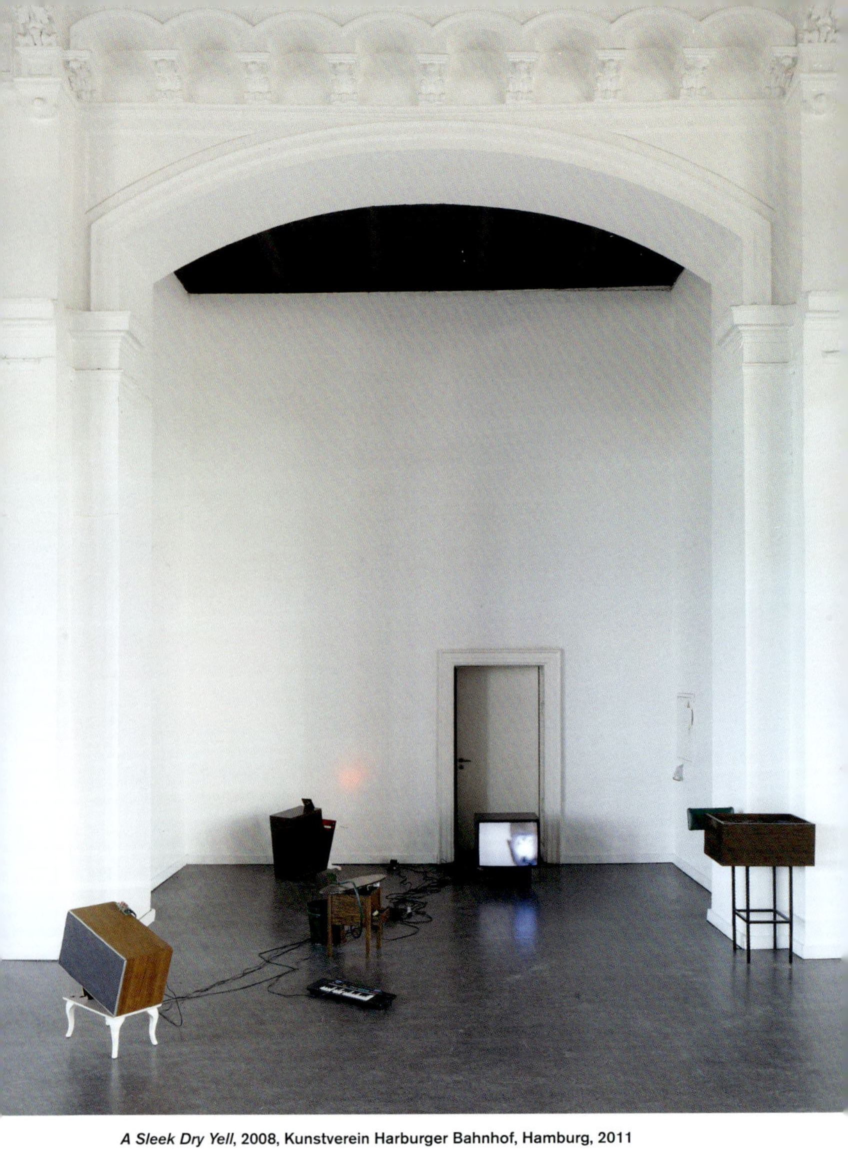

A Sleek Dry Yell, 2008, Kunstverein Harburger Bahnhof, Hamburg, 2011

tural setting with its specific structures has now become the central "found object". Is there a similar approach or interest here?

Haroon Mirza: Whenever I install a work, I take the given space into consideration. I consider how these objects, furniture and other things are going to work and if the space has special features which can possibly be utilised in some way. But the difference in my most recent work is that the materials I use are more minimal in terms of scale. When the question of how to present this in the space arises, it becomes a case of making the space into the object. Before, I would have materials like LED lights etc., and I would use an object or furniture, like a sewing table, to house them. In a way, the space now becomes the table or the furniture. Obviously, I can't take the space away with me. The work has to be site-specific every time it is installed in a different space. The quantities of material will change with each exhibition, such as the amount of LEDs. So the work changes: it adapts to the space. It occupies the space rather than being site-specific.

FS: In these composites of found objects, you use the objects in a multilayered way. They become a device for triggering specific noises that together produce a very precise, self-generated, looped sound composition. On the other hand, you choose the objects according to the cultural references they incorporate. Now that the space becomes the object which houses the lights, what are the other references of the space you are interested in at the moment?

HM: The reference is more abstract, I guess. There are art historical references obviously, such as to geometrical abstraction in painting. And you could think of many artists that use minimalist approaches to making or installing artworks. In this show in Berlin, I use the features of the space, like shadow gaps. The contemporary gallery space has to constantly mould itself in order to present audio, video and other media. I am interested in how these spaces change and in occupying those spaces that were once functional, turning them into spaces for presentation. I've been thinking about shadow gaps for a while, because they are something ubiquitous in art spaces. They seem to be an architectural trope that has evolved from the needs of galleries, such as making a straight wall that can be repainted several times, concealing cables, and so on. I might be wrong in thinking it's the needs of presenting art that have influenced this architectural form, but its usefulness and proliferation within art spaces is something I find interesting. It's a space in the White Cube that exists but is seldom occupied by the artwork. So I wanted to try and claim that space, or rather "occupy" it. This loosely relates to the current political Occupy movement. So there is the question of how I can explore this. There is going to be an exhibition at the New Museum in New York in September, where I want to work on this idea further.

    FS: For your work in Berlin with the title *Acid Reign*, you occupy the project space of the Ernst Schering Foundation as a "found object" not only in terms of its physical, architectural dimension but also within its institutional context and history. How is this incorporated in the work?

    HM: I was interested in including spoken word as a layer of sound. So, there is a video shown on a monitor, which generates two sounds. One is a sound that amplifies the static on the screen through a copper strip, which goes from the surface of the screen straight into the television's audio input. The second sound will be the sound on the DVD itself, which is the spoken word piece. It is a reading of the Wikipedia entry for the Bayer Corporation.

    FS: What interests you about the history of the Bayer company?

    HM: I was initially just interested in the history of the Ernst Schering Foundation, as they are hosting the show. And although the foundation itself is relatively independent of the company, Schering was bought by Bayer in 2006. Bayer has a very rich and controversial history that lends itself well to be the subject or narrative in spoken word. I see Bayer as an epic example of the huge and sometimes devastating influence pharmaceutical companies have over our society.

    FS: One of the relations that still exists – even if the Ernst Schering Foundation itself wasn't taken over by Bayer in 2006 and operates independently – is that the affiliated company Bayer Pensionskasse owns the building where the foundation and the project space are situated. But also in a broader history of company takeovers, the term "occupy" in the title of your show opens up other layers of meaning. What do you think might be some possible relations between your work in Berlin and the current political connotation of the term "occupying"? Can you talk about this a little bit more?

    HM: The work in Berlin has a slightly more critical connotation of the term "occupied" than the two previous shows. Of course I am not occupying the space, because I've been invited to be there, but addressing the history of Bayer in this way sets up a strangely unaggressive confrontation. It's not a protest but rather the presentation of ideologically loaded information within the precincts of the system that generated it. It also makes that information visible to those who are unaware of it, such as visitors to the gallery. So I really only share the mechanics of the Occupy movement rather than its endeavours.

FS: Why was it important for you to choose a Wikipedia article as a source of information within the installation?

HM: Wikipedia has become the first point of reference for information about anything. The non-hierarchical, democratic, copyright-free and immediate nature of the information makes it an ever-evolving feed that is a live analogy for how history can be regarded as fiction. So like other material in my work, the information is a readymade whose function is stripped and an alternative function is assigned. In this instance, the function is an acoustic one; it becomes a part in a larger composition and almost reduces meaning down to a sonic form. The question is more interesting if you think about what it means to use a Wikipedia entry as the lyrics of a song.

FS: In terms of describing your work so far, the idea of "transmission" seems to be very central. This also becomes apparent in your choice of titles as typographical, visual equivalents of sound and light. The titles of your current series of exhibitions in Michigan, St. Gallen and Berlin incorporate the term "occupied", which is then codified in typographical signs. I was wondering if there is a shift in the terminology used to describe your work from "transmission" to "occupation" when the starting point for a new work is more of a spatial situation, like in these exhibitions?

HM: No, I think there are both. There is still the idea, the proposition to use typography in order to create an image but also to codify something. To create an image of a waveform through a text is interesting to me, because it suggests this idea of what text has always been: a representation of sound. Sound came first; in order to identify an object, you first assign a sound to it. In relation to speaking, typography is a kind of new technology. Marshall McLuhan talks about this moment, when acoustic space and visual space separate. Before, acoustic space and visual space was one perceptual plane. But as soon as we start saying words for objects, we separate these spheres. McLuhan suggests that the moment when typography was invented was another form of abstraction.

Acid Reign, 2012, Schering Stiftung, Berlin ▶

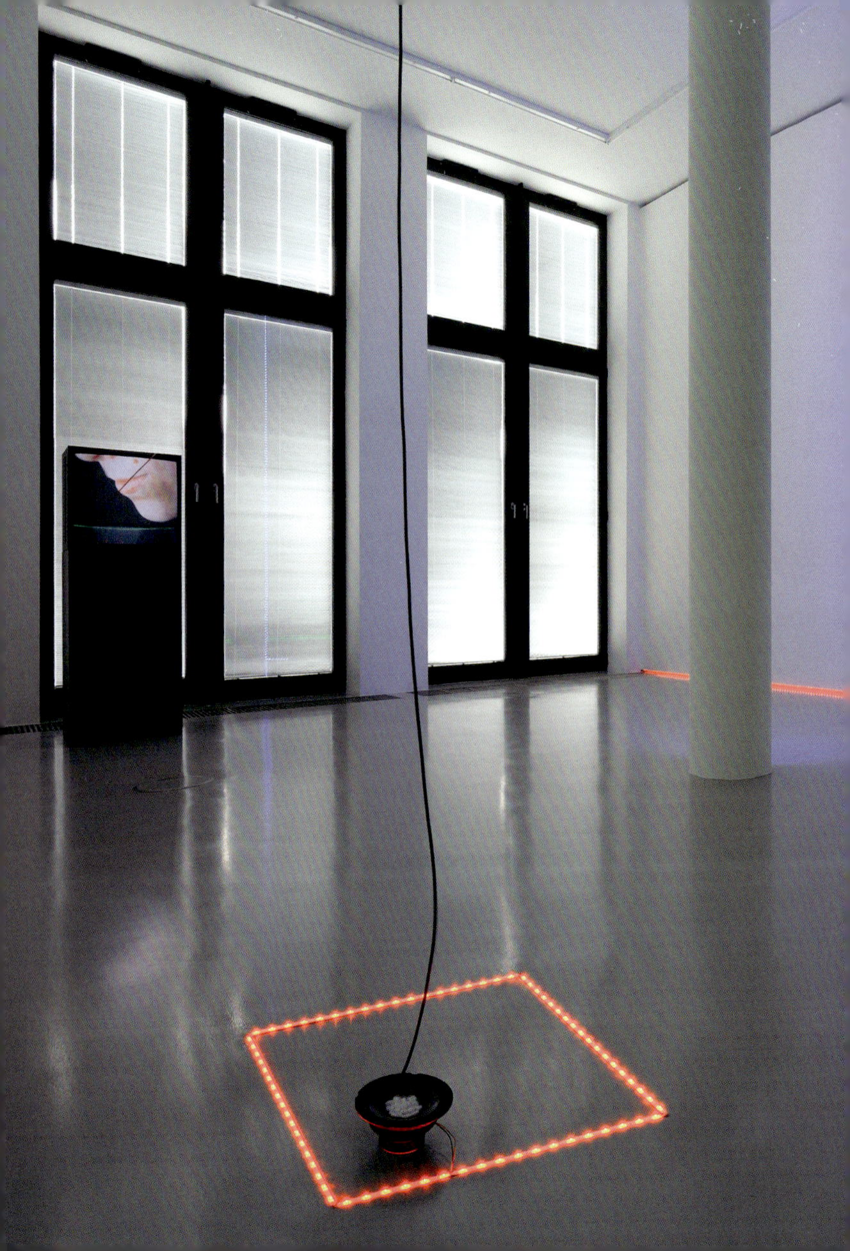

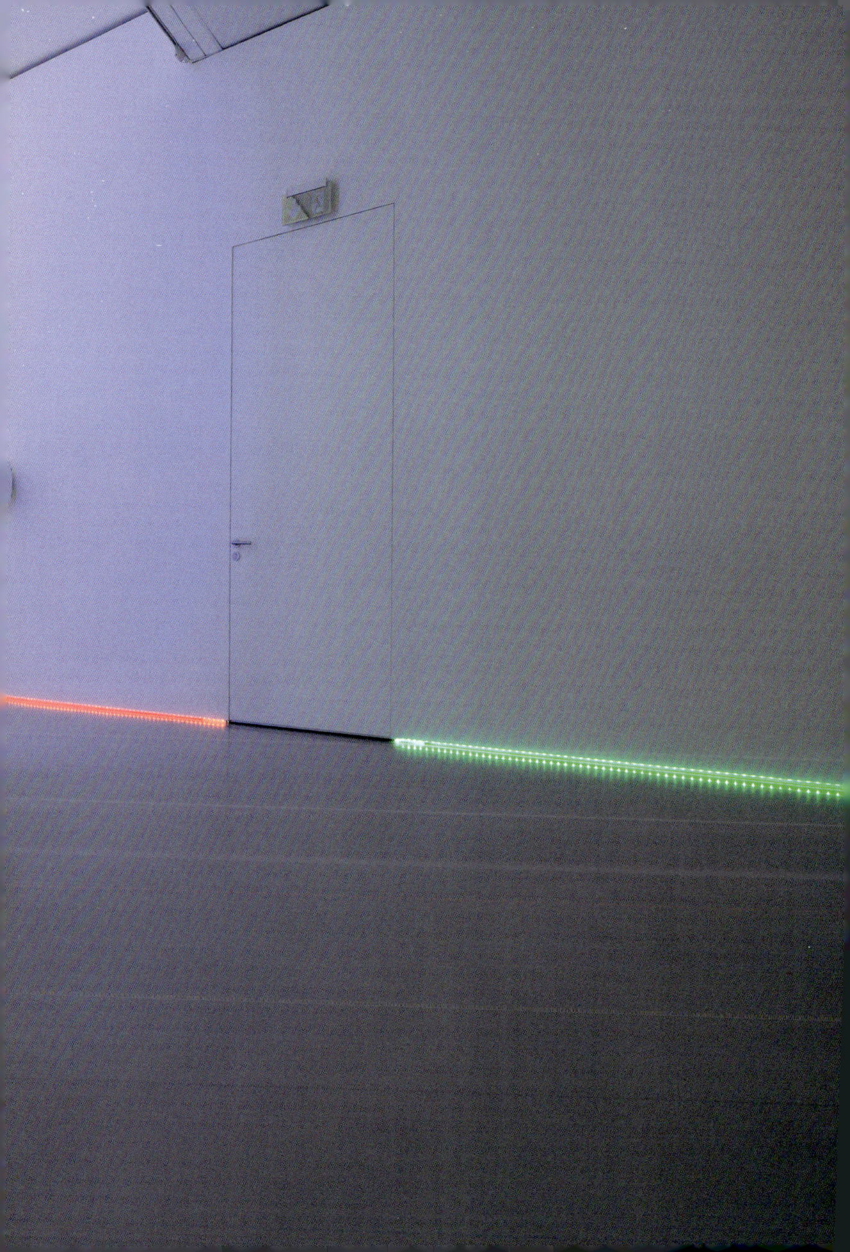

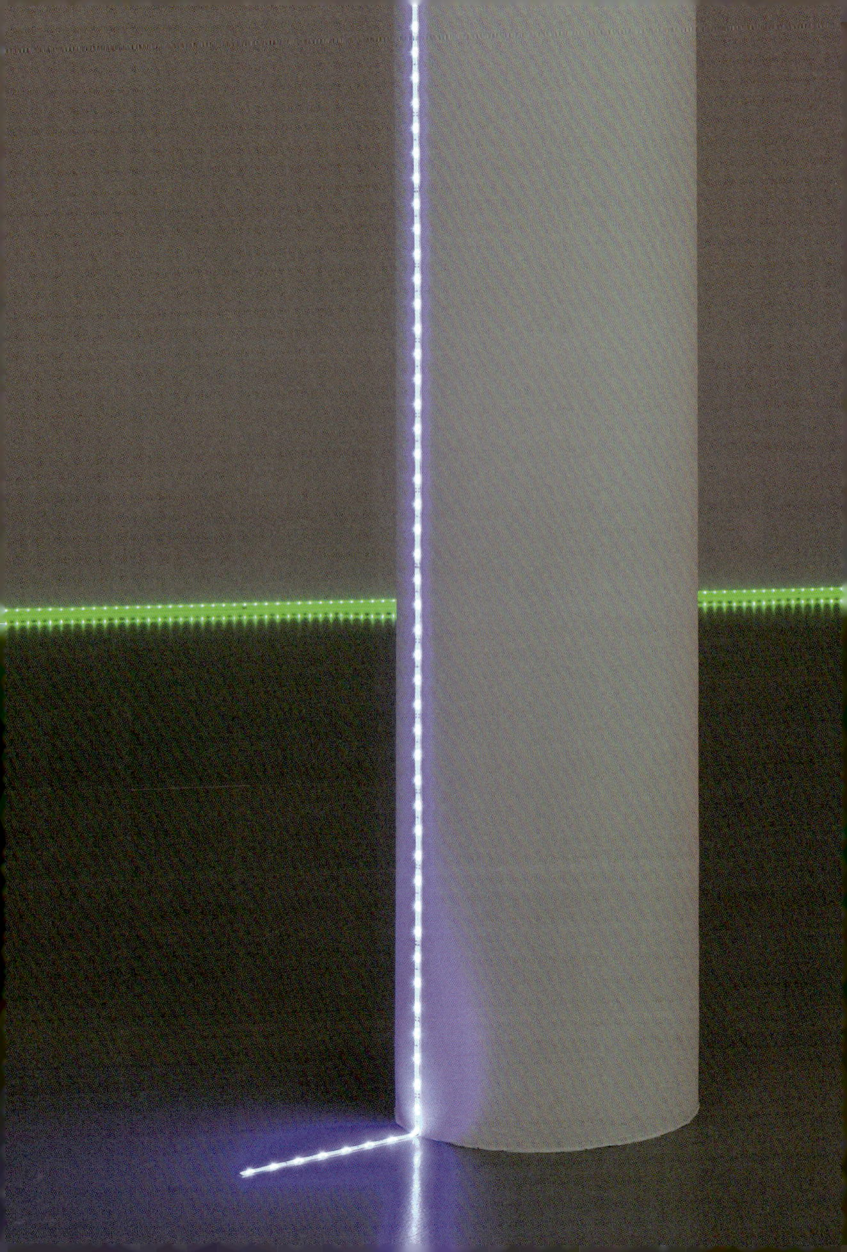

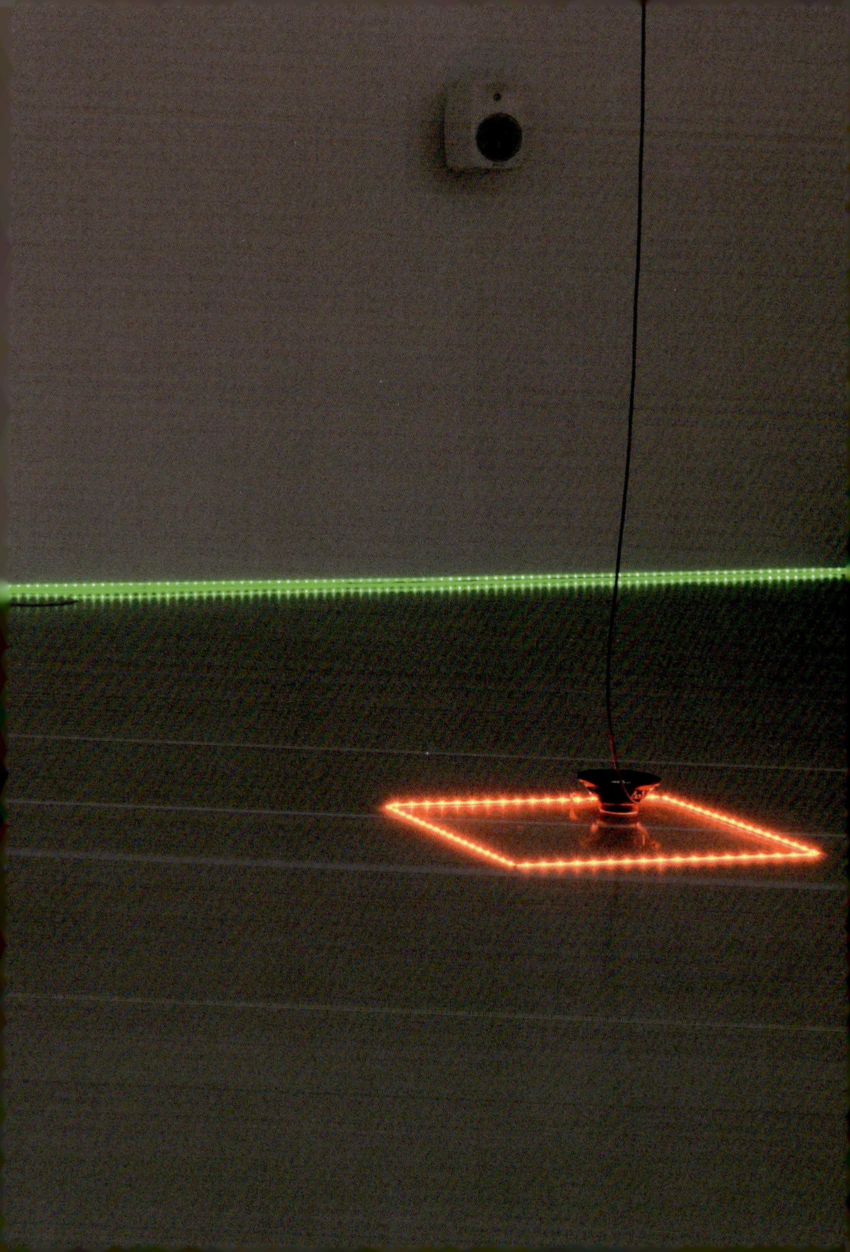

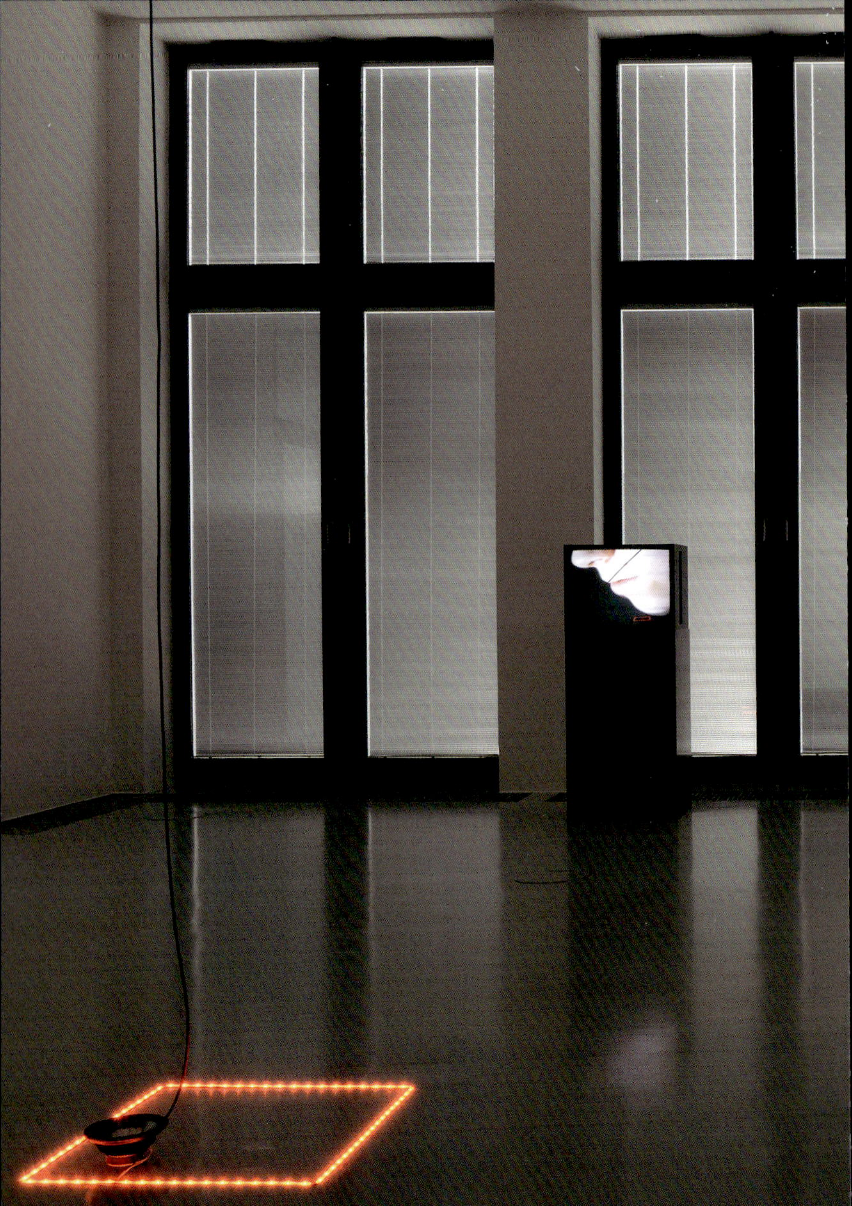

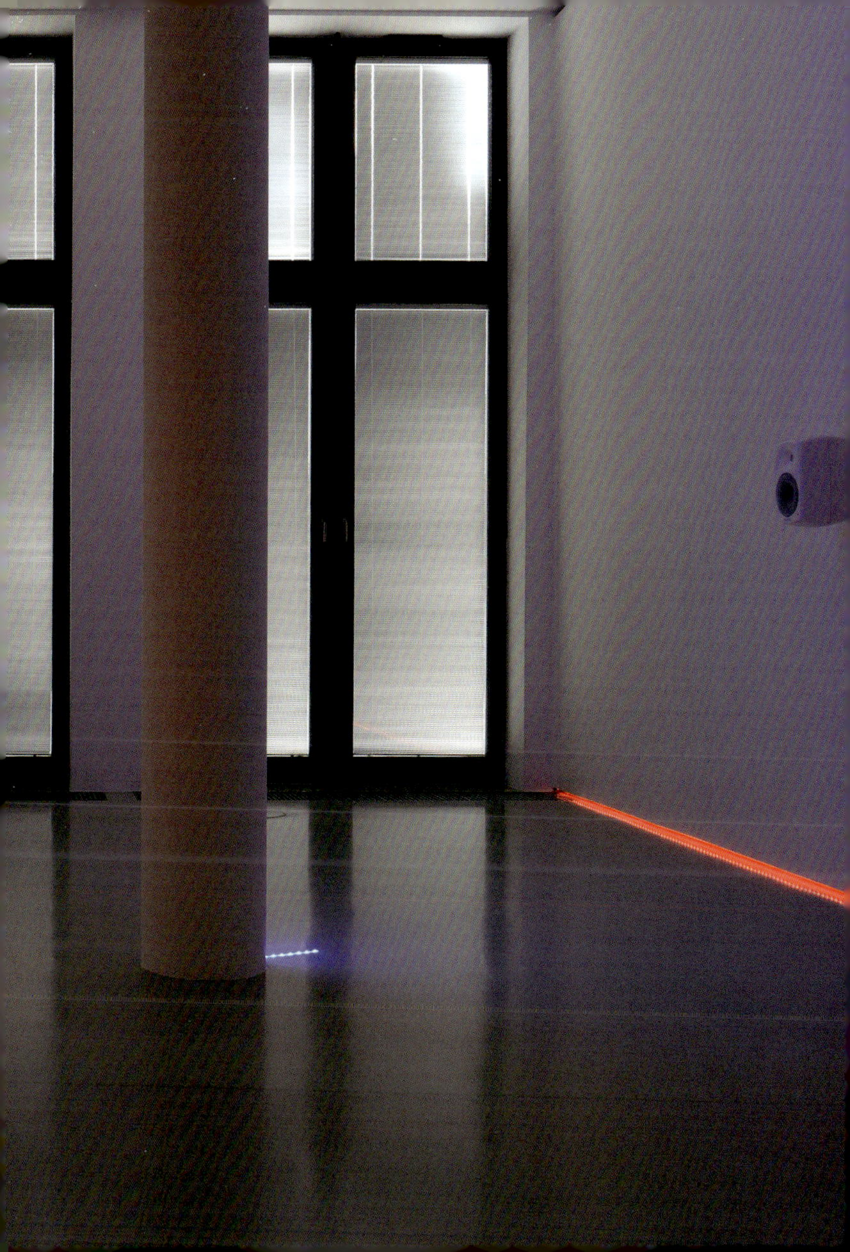

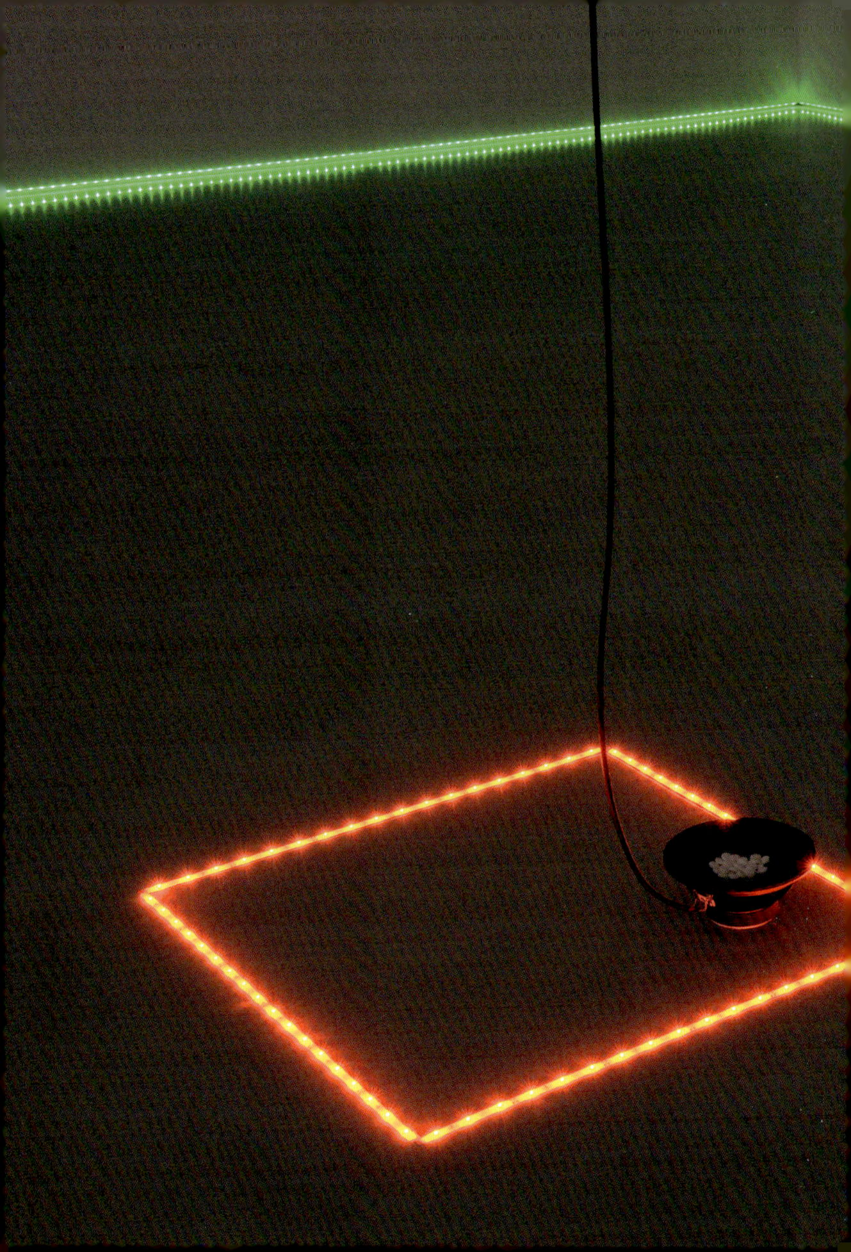

You're making an abstraction from the word back to a graphic, to a visual image – it's a transmission in itself from what we regard as a visual thing to a phonetic thing, then back to a visual thing again. So writing sound waves in typography is an analogy for this idea, which is for me a really important part of it, an important piece of information. It is an analogy which helps us to understand the perception of hearing and seeing and the relationship between them. Technologically one could maybe claim that syntax is not really required anymore. There is a strong possibility that in a thousand years we'll no longer need text, that we'll have just digital means, that syntax can be reduced to ones and zeroes. It's sci-fi, but it's a proposition.

So, the term "transmission" is still important, but in an abstract way. The "occupying" aspect is more a question of how to deal with the space – it's not about being site-specific, it's about occupying. Then, of course, there is a politicised connotation of the term. The work that I am now making for the show suggests this a little bit more, because it is confronting a history that is there. I guess there is a duality of "transmission" and "occupation".

FS: Regarding this aspect of the separation of modes of perception which McLuhan describes, I find it interesting that there is a long cultural history of developing instruments or technologies that would facilitate a synchronised dissemination and perception of the visual and the aural. In the 1730s, for example, Louis Bertrand Castel, a Jesuit, is said to have developed a device that would enable the performer to control sound and visual effects simultaneously. What interests you about this synchronic or even causal relation between the visual and the aural today?

HM: I think that there is this innate desire to merge these two modes of perception again. It is this idea of synaesthesia, which almost always relates to seeing and hearing and generally not to other modes of perception. There is a huge history in the visual arts of trying to join what you hear with what you see – trying to forge this relationship – but also in the history of music, if you take Musique concrète for example. It is interesting to look at musicians like John Cage or Karlheinz Stockhausen.

In general, I think there is a change in the function of music since it has become recordable. A piece of music is a bunch of noises and sounds put together and structured. And since music has become reproducible, the way we listen to music is detached from how the music was produced. It's become entertainment; before, it was more functional. It had a social, cultural function to it, which was associated with courtship, spirituality, etc. And now we've got to this point where we have so many forms of codification and de-codification of music, like an MP3, for example. So when you are listening to an MP3 of a guitar-based band, you are hearing something which has gone through many digital processes. You are detached from the physical interactions that created it in the first place. But actually, music or sound production is always a visual thing; it is always something physical. So maybe this synaesthetic desire for synchronisation is an innate thing in us.

FS: In one of his latest essays, the French composer and theorist Michel Chion asks the question that you have just brought up of whether there is a cultural or natural desire to synchronise sound and image. However, he observes that there is a real phobia regarding synchronicity of sound with image in contemporary art – that it is mostly about working against this "natural" longing for synchronicity.[1]

HM: I don't have that problem… I mean he is right. There is an innate desire to do this, even though I don't actually believe in the idea of anything being innate. I am more of a constructivist than an essentialist. Taste, desire, etc. are mostly social constructs. It's more of a natural-physical thing. I can understand the contemporary art condition of going against natural impulses, because it is somehow more deconstructive or expressive. The question for me is more, why would synchronicity be a natural impulse? Is it indeed because it was once a natural thing, as McLuhan claims? Is it the technologies that separate these perceptual modes? Why is it sound and light rather than sound and smell for instance? Is it because they are both identified as waveforms? So I continue to investigate where the synaesthetic compulsion comes from.

FS: In September you're going to have an exhibition in the New Museum in New York. In which way will it connect with your exhibitions in Michigan, St. Gallen and Berlin?

HM: The exhibition at the New Museum will be a kind of consolidation of all the technical and conceptual aspects I have developed from doing the three previous shows. So it will be a site-specific installation that uses similar materials as the basis and will also include video and noise. That's all I can say until the project is more developed.

---

1   See Michel Chion, "On Synchronism," in *Utopia of Sound. Immediacy and Non-Simultaneity,* ed. Diedrich Diederichsen and Constanze Ruhm (Vienna: Schlebrügge.Editor, 2010), 19–26.

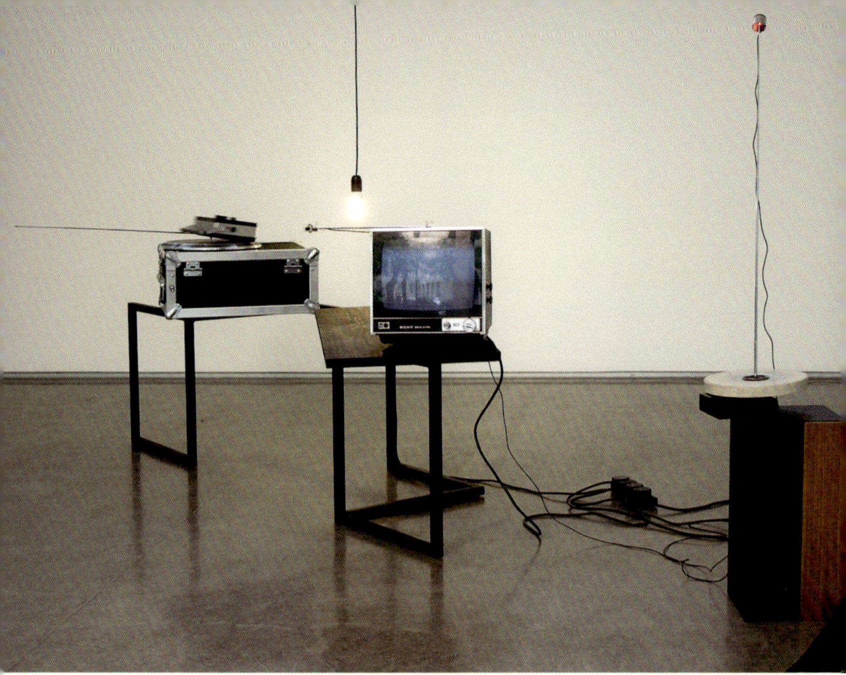

Sanctuary (Paik Remix), 2010, Galerie Stadtpark, Krems

Bei Stroboskopblitzlicht Joyce lesen: Haroon Mirza unterläuft den Unterschied von kulturellen Zeichen und physischem Reiz

Diedrich Diederichsen

Mit dem Adjektiv „experimentell" unterschied man früher ungewöhnlichere künstlerische Praktiken innerhalb einer bestimmten medialen Praxis von den allgemein

zugänglichen und meist auch kommerziell vermarkteten, vorherrschenden Varianten. Sah ein Film nicht aus, wie es die nationalen und internationalen Spielfilm-Konventionen vorsahen, hieß er „experimentell". Die Rhetorik der Bildenden Kunst hat diesen Begriff indes kaum gebraucht; es galt im letzten halben Jahrhundert, als sich Film, Musik, Theater von ihren massentauglichen Varianten durch dieses Wort unterscheiden und legitimieren mussten, eh als ausgemacht, dass alle Bildende Kunst mehr oder weniger experimentell wäre. Dabei ging ein anderer Sinn des Ausdrucks verloren: Dass mit einem Experiment immer eine bestimmte Wissensordnung verbunden ist, ein Produktionsziel, in dessen Teleologie sich das Experiment einschreibt; am Ende ist etwas serienreif, kann als Standard-Prozedur eingeführt werden. Und es ist wie eine Ironie der Geschichte dieses unbeachteten Teils der Bedeutung des Wortes „Experiment", dass viele Elemente so genannter experimenteller Musik oder experimentellen Kinos tatsächlich zur Optimierung massenproduzierter und -konsumierter Kulturwaren beigetragen haben. Dass die Klangforschung etwa des Kölner Studios für elektronische Musik auch zur Entwicklung des Pop-Mainstreams beigetragen hat.

In den Installationen von Haroon Mirza sieht es immer so aus wie bei einem Experiment im zweiten Sinne. Man hat den Eindruck, dass diese unterschiedlichen Gegenstände nur in einem Labor so zusammengefunden haben können. Hier scheint jemand etwas auszuprobieren, Zusammenhänge zu installieren, die den Nachweis von Anschließbarkeit erbringen sollen. Aha, dieses Objekt hier und jenes Werkzeug dort lassen sich also zusammenfügen und in Ursache-Wirkung-Ketten einbauen; diese Möbel, Instrumente, Videotapes, Elektrogeräte reden miteinander. Der Eindruck eines Experiments entsteht nicht zuletzt dadurch, dass sehr heterogene, aber jeweils ganz stark von konkreten kulturellen Narrationen bestimmte Geräte, Werkzeuge und andere Objekte sich hier versammeln und zusammenarbeiten, um einen anderen, offensichtlich universellen Charakter von sich preiszugeben. Der kon-

krete Technics-Plattenspieler mit seiner kulturhistorischen Verankerung
in der DJ-Geschichte arbeitet dann plötzlich als mechanisches Gerät
mit einem anderen mechanischen Gerät zusammen – ihre gemeinsame
mechanische Kooperation enthüllt so eine Universalität des Natur-
gesetzes gegen die spezifische kulturelle Prägung. Das Experiment
hat gewissermaßen etwas verborgen Kulturelles entschlüsselt und
naturwissenschaftlich-technisch serienfähig gemacht.

Doch so einfach ist es natürlich nicht: Das Verhältnis aus kultureller Codiertheit und mechanisch-technischer Einsetzbarkeit ist
bei Haroon Mirza vor allem eine Kippfigur, die genauso gut auf das
Gegenteil hinauslaufen kann. Dann ist es eine universelle kulturelle
Oberfläche, die kraft ihrer Lesbarkeit eine Verbindung herstellt zu einer
anderen Installationskomponente, mit der sie nun technisch nicht kom-
patibel ist: wohl aber auf der Ebene der Lesbarkeit kultureller Zeichen.
Beide Momente dieses Antagonismus haben indes keine besondere
Stabilität. Je länger man sich ihren Soundschichten, Wiederholungen
und Überraschungen aussetzt, desto mehr hat man in Haroon Mirzas
Installationen das Gefühl, dass die Unterscheidung zwischen den kulturellen, signifikanten, erzählerischen Teilen eines klingenden Objektes
und dessen physikalischer Basis nicht aufrechtzuerhalten ist, dass aber
andererseits unsere Reaktionen genau damit zu tun haben: Wir sind
es nicht gewohnt, im White Cube zugleich über physische Reize und
kulturelle Narrationen angesprochen zu werden; wir halten beides in
unserem Alltag auseinander. Wir gehen nicht ins Berghain und lesen
dort Joyce.

Es hat in diesen Installationen von Haroon Mirza aber auch
durchweg den Anschein, als ob alle Teile – vom Haushaltsgegenstand
bis zur anachronistischen Maschine, vom metonymisch mit Menschen
verbundenen Accessoire bis zum erratischen Block, vom Wasser bis zur
Elektrizität – sich zueinander verhalten wie Personen in einer Szene.
Anders als in den meisten Installationen der globalen Gegenwartskunst
scheinen sie nicht für einen spezifischen Ort gemacht (obwohl oft das
Gegenteil der Fall ist), sondern sich jeden Ort aneignen zu können;
so wie ein reisendes Ensemble sich bestimmte Standard-Räume als
Bühne aneignet. Die dann entstehenden Momentaufnahmen zeigen
unterschiedliche Grade von Nähe und Distanz, von erotischen oder
aseptischen Beziehungen – und es bleibt in vielen Fällen in Haroon

Mirzas Arbeiten auch nicht bei der Definition eines Ausgangspunktes. Die elektromechanischen Akteure setzen von alleine etwas in Bewegung.

Hier gibt es auf den ersten Blick sicher eine Verbindung zu den verschiedenen Traditionen kinetischer und elektro-mechanischer Kunst, die von Jean Tinguely und ZERO bis zu deren postmoderner Parodie in *Der Lauf der Dinge* (1987) von Fischli und Weiss und darüber hinaus reicht. Doch auf den zweiten Blick verweigert Haroon Mirza gerade, das unschuldig physikalische, über sein Aufgehen in von Naturgesetzen geregelten Abläufen glückliche, rein materielle Ding vorzuführen – oder die glückliche Versammlung friedlich miteinander vernetzter Materialien; das Parlament der Readymades. Die Unfähigkeit zur sachlichen Physikalität wird bei Haroon Mirza mit dem Geräusch identifiziert, das seine Dinge durchweg machen. Sie sind niemals still. Normalerweise fällt diese Eigenschaft externen Betrachter_innen als erstes auf: Hier geht es um Sound-Abläufe, stellen sie fest, um bizarre Wirkungen von Geräten, die sich als Sound entladen, kodierter und unkodierter Sound. Aber Haroon Mirza schafft es, dass die Emanationen von Sound und Musik in seinen Szenen auf die gleiche Weise als Supplement auftreten wie die kulturelle Komponente seiner physikalischen Vorführungen. Experiment im ersten und Experiment im zweiten Sinne gehen ineinander über.

Denkt man an die Tradition der Assemblages der 1950er und 1960er Jahre, von Rauschenberg bis zu den Nouveaux Realistes, gibt es ähnliche Konstellationen aus Dingen, die aufgrund ihrer scheinbar reinen Materialität zusammengefügt wurden und die plötzlich und natürlich vor allem für den Pop-Art-Blick ihre Kulturalität ausspielen. Nur gewinnt diese Kulturalität in dieser Art von Kunst niemals Oberwasser. Ihre Funktion ist lediglich Heterogenitätseindrücke zu steigern, Unübersichtlichkeit hochzupegeln. In der ‚Messie-Kunst' eines Dieter Roth oder gewissen Formen so genannter Scatter Art gibt es dann zwar lesbare Inseln des Homogenen und Geordneten inmitten Ungeordneten, aber nur um den Preis, Inseln im Unübersichtlichen zu bleiben.

Bei Haroon Mirza ist hingegen das Erklingen im weltesten Sinne eine Eigenschaft von Objekten, die an der Grenze zwischen der üblichen Passivität des Ausstellungsgegenstands und der Aktivität des Performers angesiedelt ist. Sie beanspruchen eine Reaktion, die weder die einer_s eigengesetzlich vor sich hin projizierenden allmächtigen

     Digital Switchover, 2012, Kunst Halle Sankt Gallen ▶

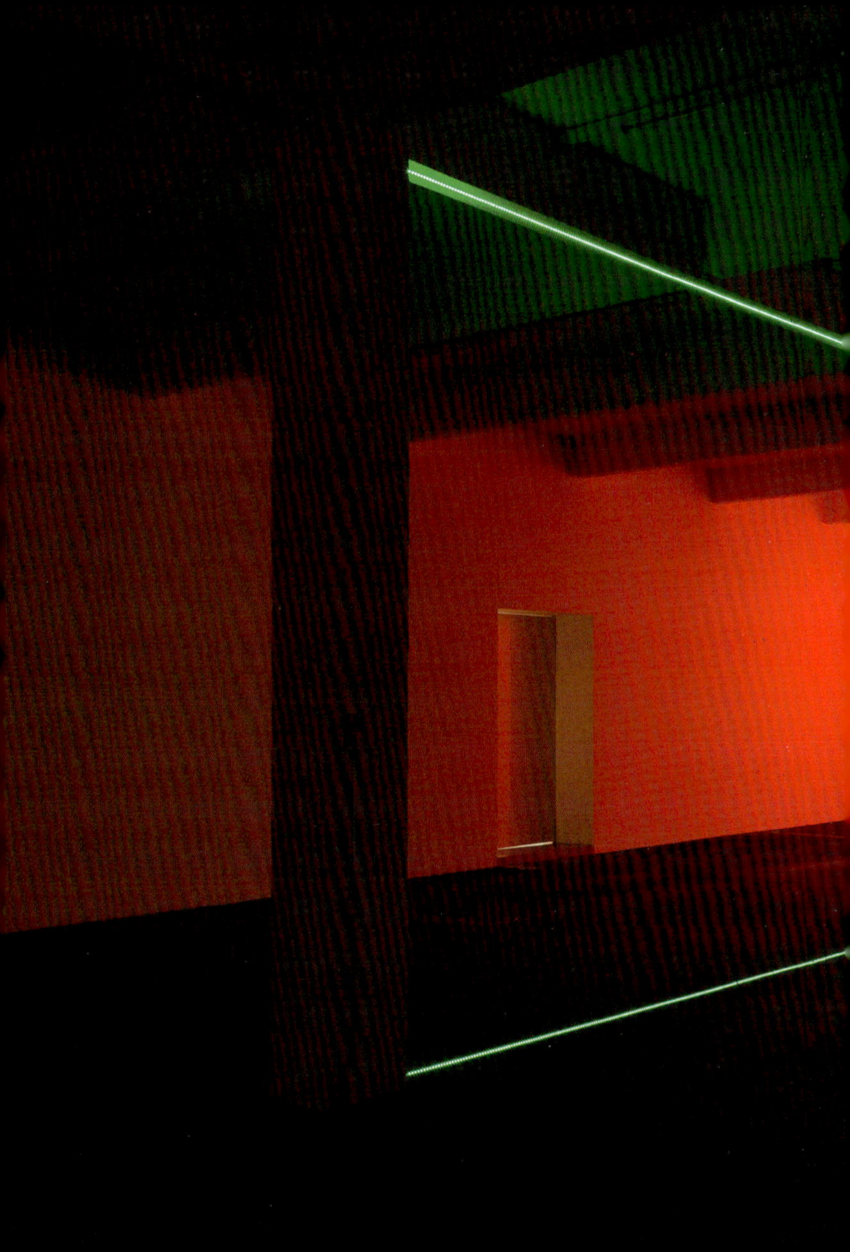

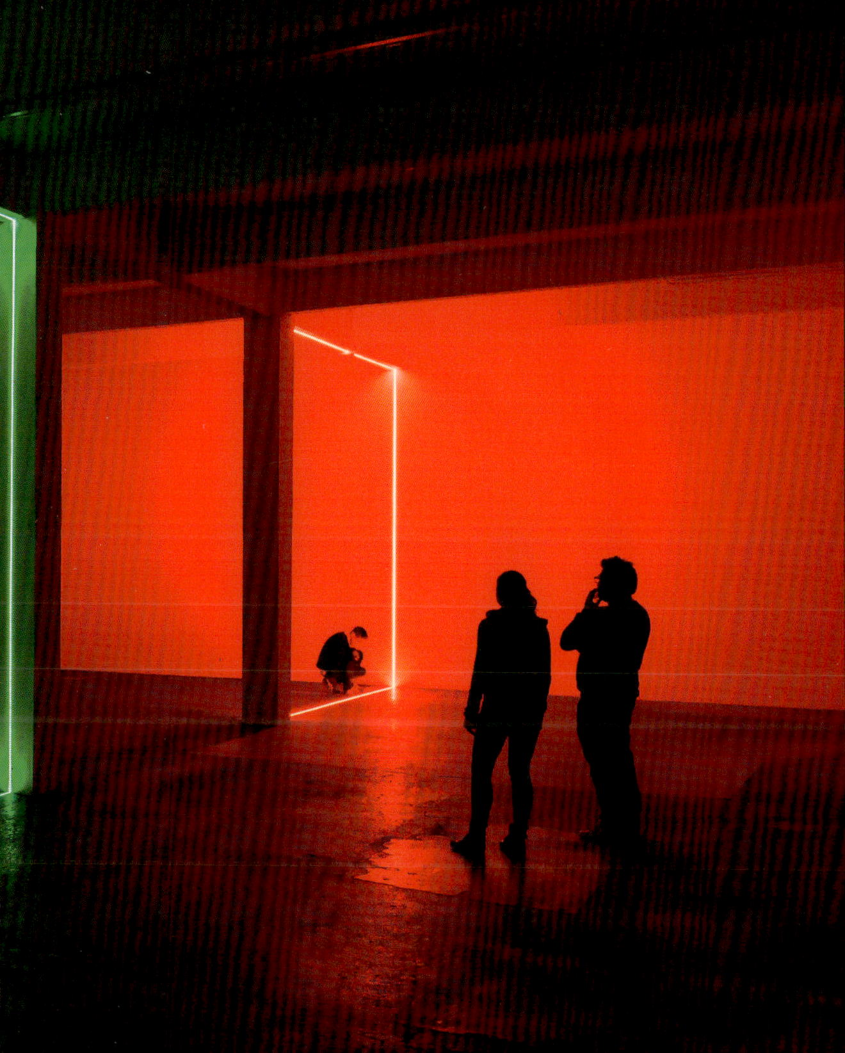

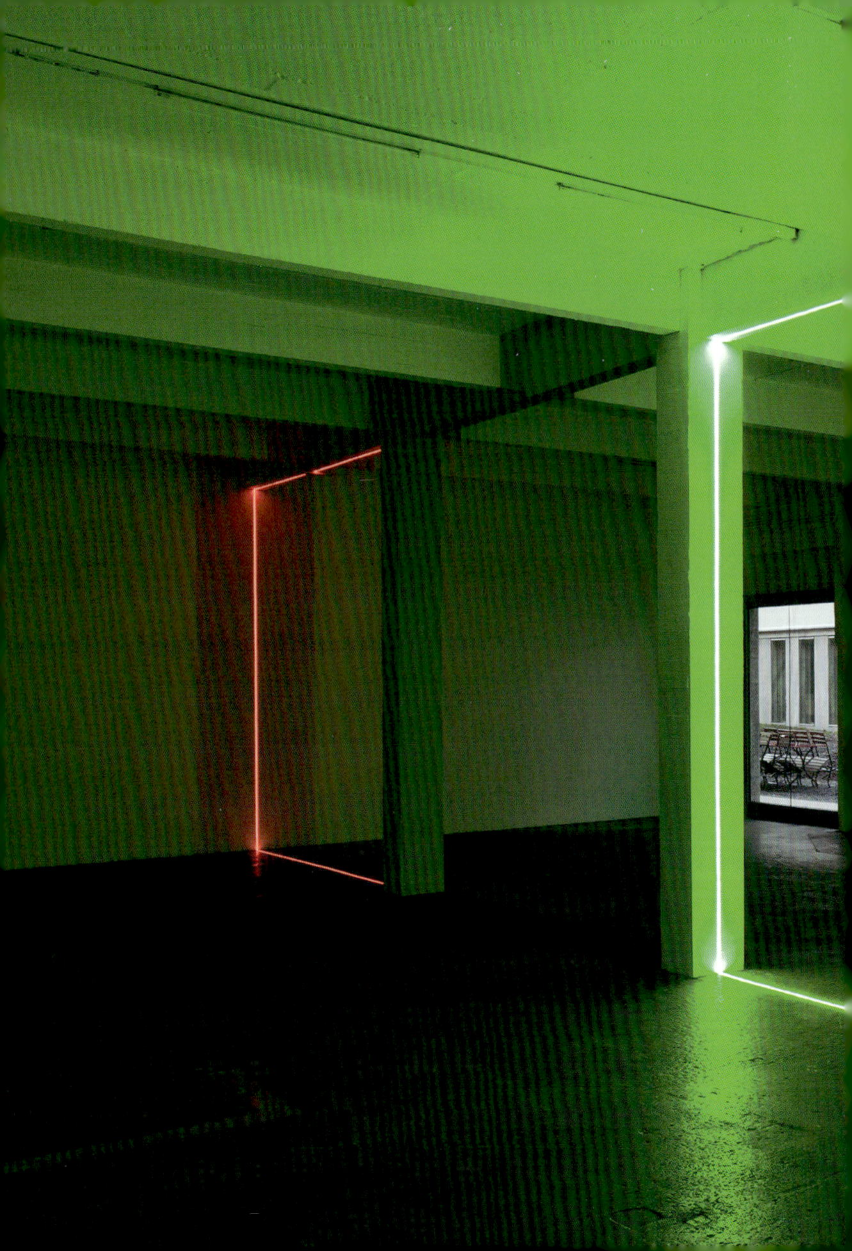

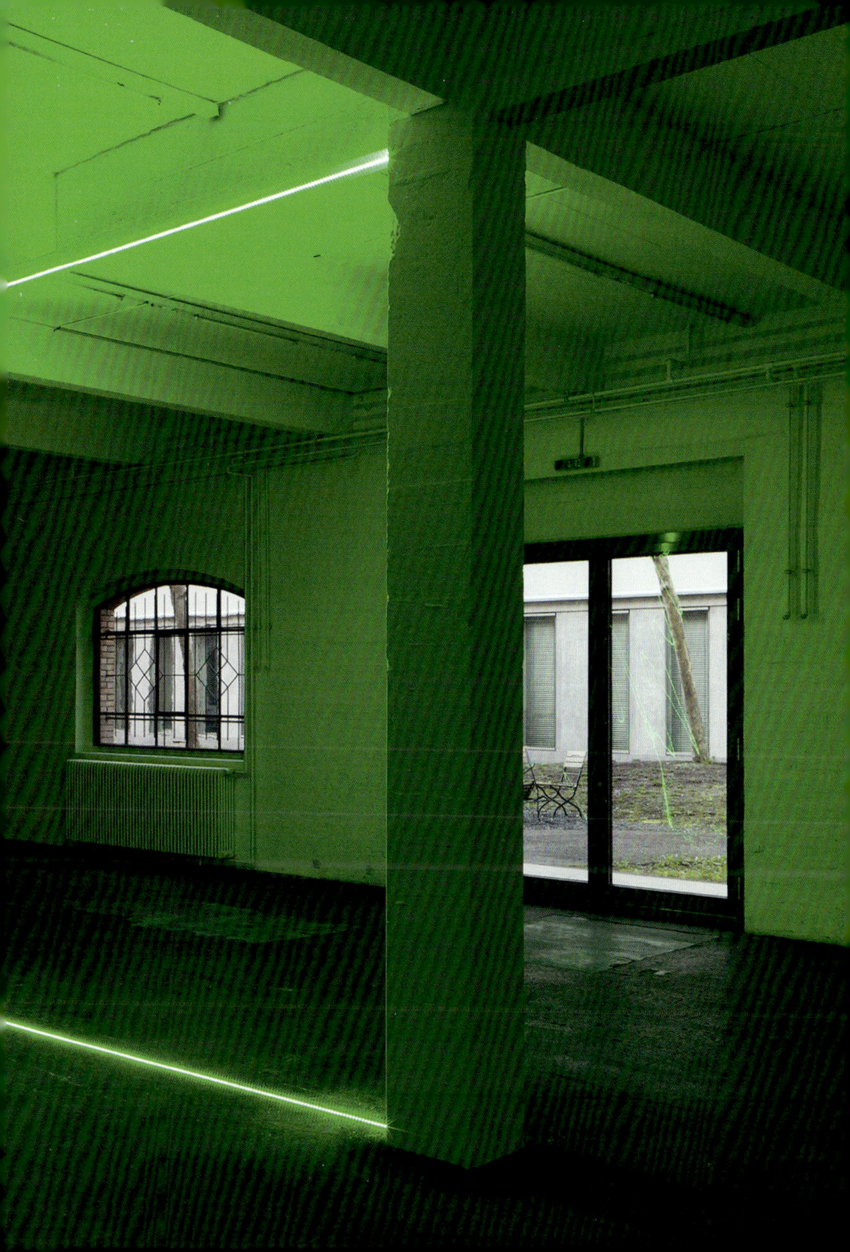

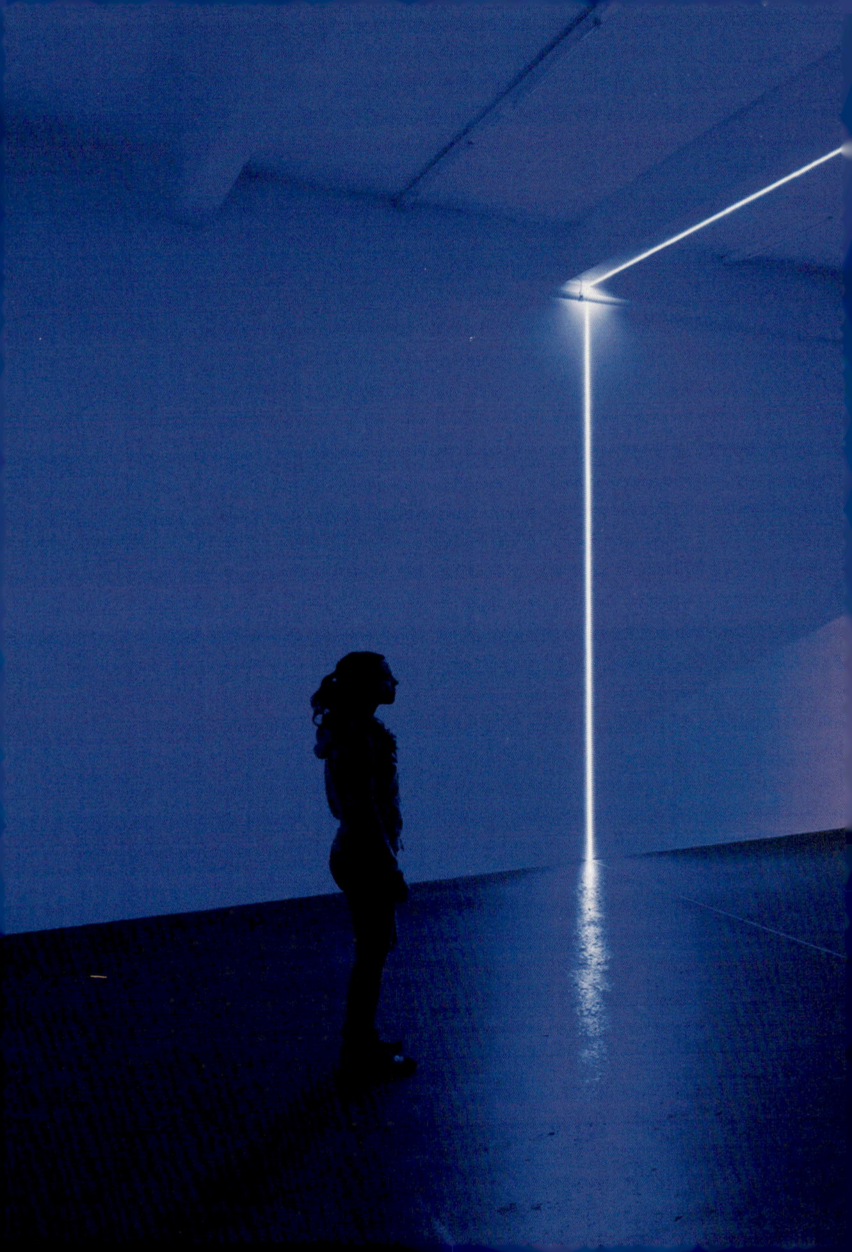

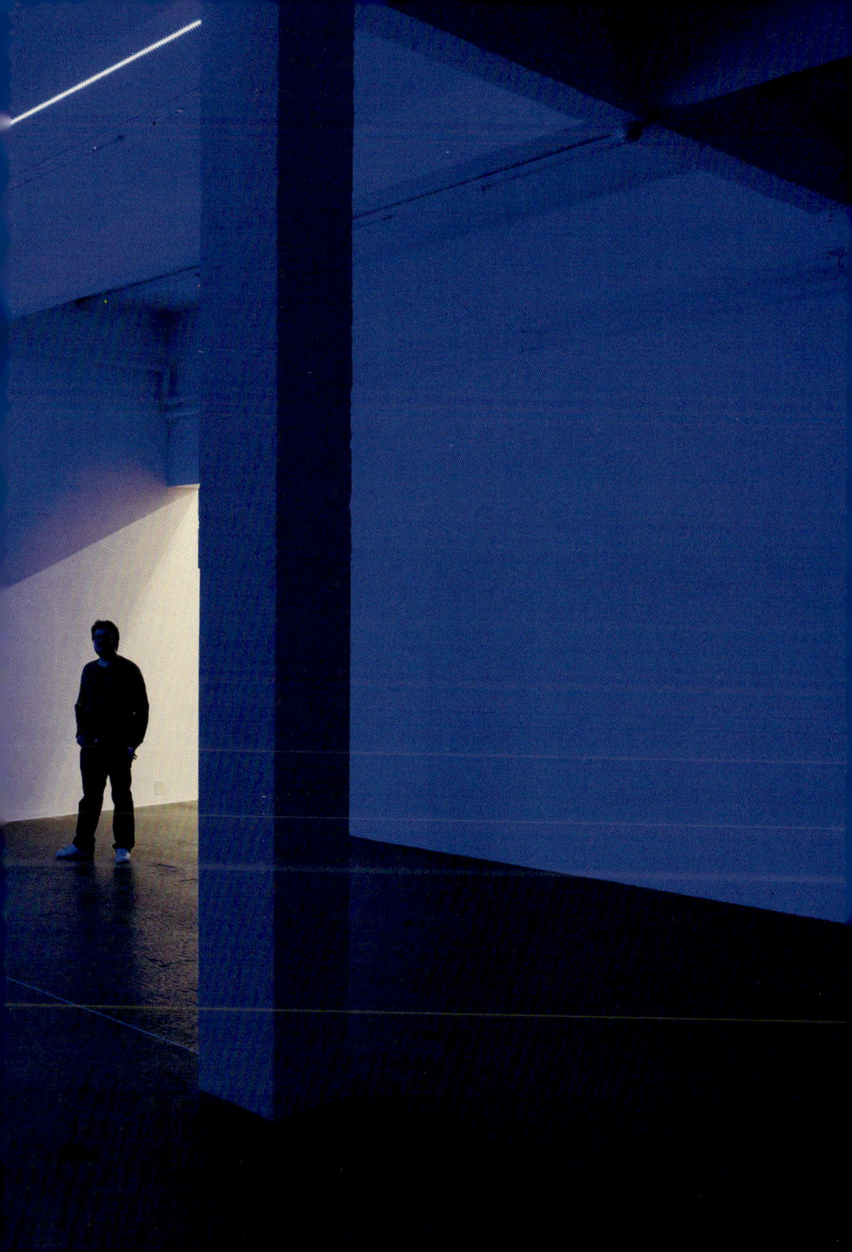

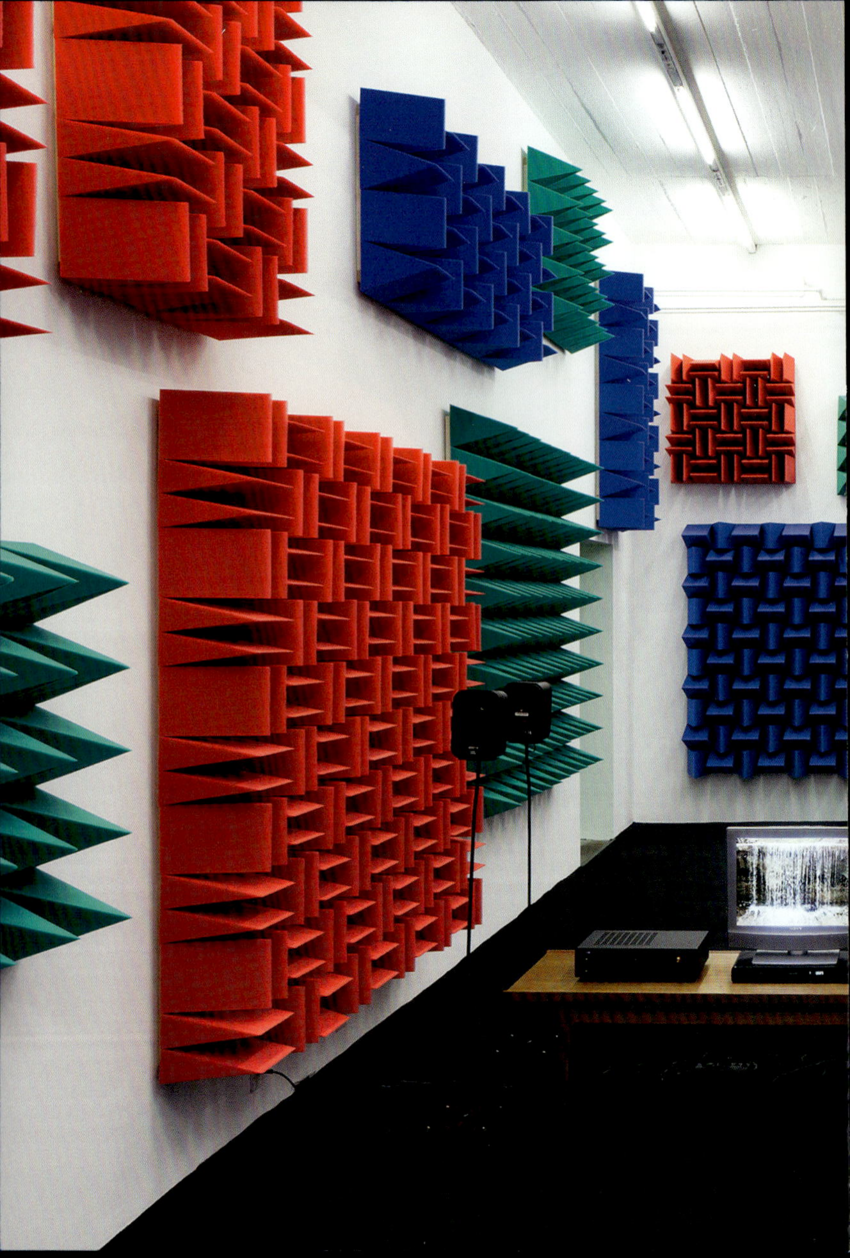

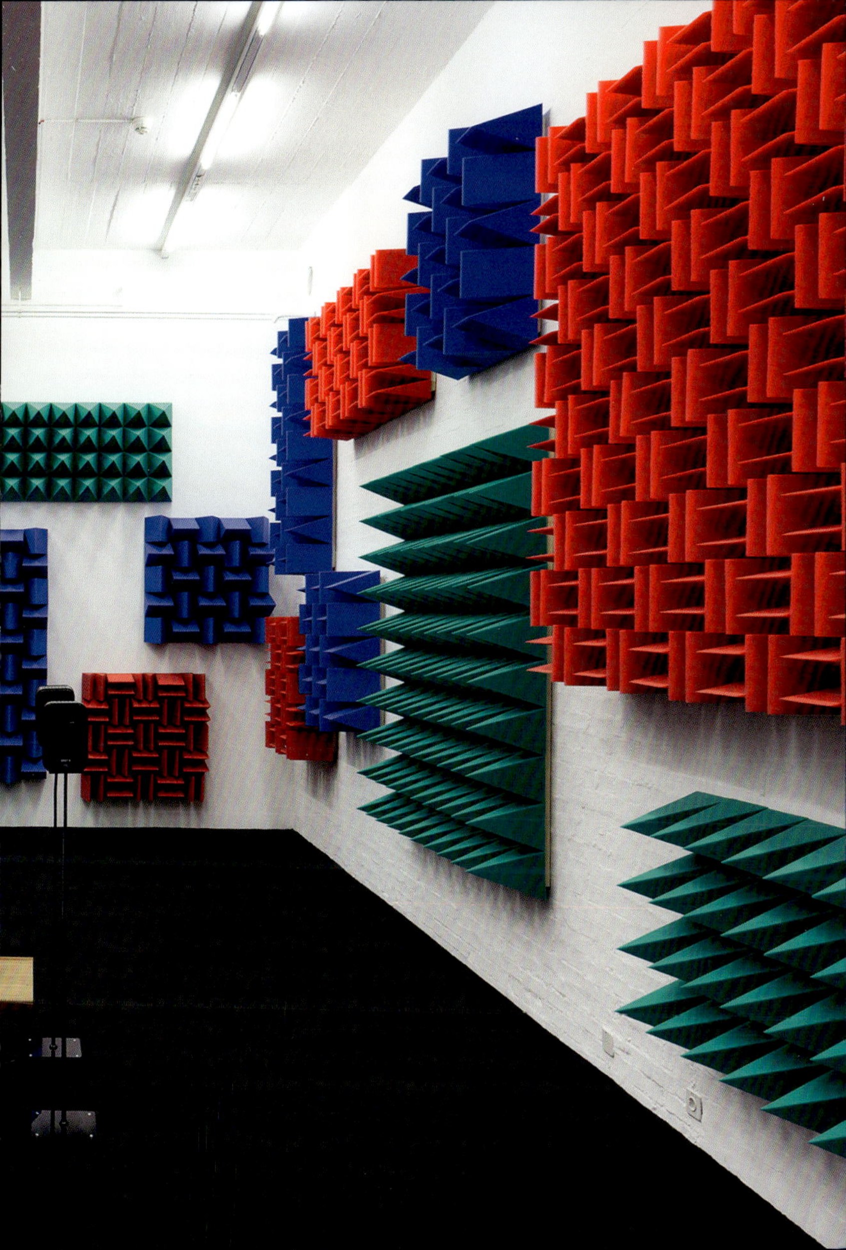

Betrachters_in bleibt, noch sich auf das Erleben von Kicks und Reizen
reduzieren lässt oder auf das bloß physische Registrieren der Elektrizität
beschränkt bleibt, die sich in seinen Arbeiten entlädt. Es sind in einem
sehr zeitgenössischen Sinne soziale Szenen mit sehr ungewöhnlichen,
aber sehr realen Sozii – Sozii, für die man sich offenhalten muss, die
man lernen muss zu genießen, zu verstehen und unterscheiden: Dinge
nämlich, die davon geprägt sind, dass wir mit ihnen interagiert haben und
die sich nun verselbstständigen, obwohl sie auch nicht aufhören können,
von unserer gemeinsamen Vergangenheit zu sprechen: in Club, Küche,
Konzert und Krankenhaus.

Reading Joyce by Strobe Light: Haroon Mirza blurs the Border between Cultural Sign and Physical Stimulus

Diedrich Diederichsen

In the past, the adjective "experimental" was used
within the praxis of a certain medium to distinguish unusual artistic practices from more generally accessible,
and frequently commercially marketed, dominant varieties. If a film did not fulfil the national and international
conventions for feature films, it was called "experimental".
This term has rarely been used in the rhetoric of visual
art, however. In the last half-century, while film, music and
theatre were impelled to distance themselves from their
popular varieties and legitimize themselves through this la-
bel, it was taken for granted that all visual art was more or
less experimental. A result of this, however, is that another
meaning of this term has been left by the wayside: in
other words, that of experiments always being bound to
a certain order of knowledge or goal of production, in

whose teleology they are inscribed; in the end, something is ready to go into production and can be used as a standard procedure. That so many elements of so-called experimental music and cinema have in fact contributed to optimizing mass produced and consumed cultural commodities – like the influence of sound research at the Cologne Studio for Electronic Music on the development of mainstream pop music – is thus an irony in the history of this unnoticed meaning of the term "experiment".

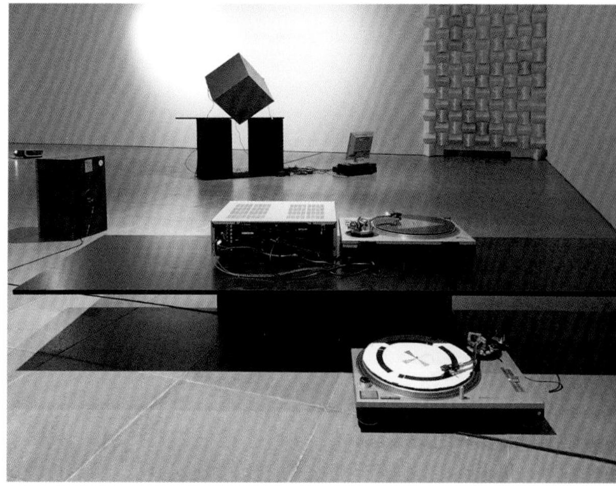

Evolution of a Revolution, 2011, Lisson Gallery, London

The installations of Haroon Mirza always resemble the second type of experiment. The diverse objects give the impression that they could only have been assembled in such a way in a laboratory. It seems as if someone is testing something, installing arrangements that are meant to prove that they can be connected: "A-ha, this object here and that tool there can be combined and integrated into a chain of cause and effect; these pieces of furniture, these instruments, video tapes and electrical devices talk to one another." The impression of an experiment is generated not least by the fact that very heterogeneous devices, tools, and other objects – each very much defined by concrete cultural narratives – are assembled and work together here to display another, clearly universal characteristic that they have. The actual Technics turntable, with its specific cultural semantics shaped by the history of DJ culture, suddenly becomes a mechanical device working together with other mechanical devices – the commonality of their mechanical cooperation thus seems to unveil a universality of the law of nature in contrast to a specific cultural background. The experiment, if you will, has decoded something cultural that was hidden, making it ready for production in a natural-scientific, technological sense.

And yet, it is not that simple. The relationship between cultural coding and mechanical-technological usability is for Haroon Mirza more ambiguous than anything else and could just as well lead to the opposite. It is a universal cultural surface whose readability establishes a connection between it and another component of the installation with which it is no longer compatible in a technological sense, but on the level of readability as a cultural sign. In this case, both instants of this antagonism do not have a particular stability. The longer we expose ourselves to the layers of sounds, repetitions and surprises in Haroon Mirza's installations, the more we get the impression that the differentiation between cultural, significant and narrative elements of a sounding object and its physical foundation cannot be upheld. And yet our reactions are dependent on precisely this. In the White Cube, we are not used to be addressed with physical stimuli and cultural narrations at the same time; we keep the two separate in our everyday lives. We do not go to Berghain to read Joyce.

Haroon Mirza's installations always give the impression that all their parts – from household appliances to anachronistic machines, from accessories metonymically connected to humans to erratic blocks, from water to electricity – relate to one another like people interacting in a scene. Unlike most installations in global contemporary art, they do not seem made for a specific site (although quite often the opposite is true); rather they seem capable of appropriating any site, like a travelling theatre company appropriates certain standard spaces as a stage. The resulting snapshots show different levels of closeness and distance, of erotic or aseptic relationships – Haroon Mirza's works often do not stop at defining a starting point. The electromagnetic agents set something in motion by themselves.

At first glance, there is a definite connection to different traditions of kinetic and electro-mechanical art, from Jean Tinguely and ZERO to the postmodern parody thereof in *Der Lauf der Dinge* ("The Way

Things Go") from 1987 by Fischli and Weiss, and beyond. Yet at second glance, it is precisely the innocent, physical, purely material thing – felicitously merging with processes according to the laws of nature – or the felicitous assembly of peacefully connected materials – the parliament of readymades – that Haroon Mirza refuses to present. In his works, the inability to create a matter-of-fact physicality is identified with the sounds that all his objects make. They are never quiet. This is normally what viewers notice first. His works are all about sound processes, the bizarre effects of devices that erupt in the form of sound – coded and uncoded. And yet Haroon Mirza manages to let the emanations of sound and music in his scenes act like supplements; they perform like cultural components of his physical presentations. The two senses of "experiment" thus merge into one.

If we look back at the tradition of assemblages in the 1950s and 1960s, from Rauschenberg to the Nouveaux Realistes, we find similar constellations of objects that seem to have been put together on the basis of their apparently pure materiality, suddenly revealing their cultural character, especially from a Pop art perspective – only, this cultural character never gains the upper hand in this kind of art. Its function is merely to increase the impression of heterogeneity, to raise the level of complexity. In Dieter Roth's art, the typical work of a "messie" or hoarder, or in certain forms of scatter art, islands of homogeneity and order amidst disorder may exist, but at the cost of remaining islands in a sea of complexity.

For Haroon Mirza, on the other hand, sound, as a characteristic of objects in the broadest sense, is located on the border between the usual passivity of the exhibition object and the activity of a performer. The objects demand a reaction that neither follows the logic of an omniscient viewer's projections, nor is it reduced to the experience of kicks and stimuli, or limited to the mere physical registration of the electricity discharged in his works. They are, in a very contemporary sense, social scenes with very unusual but very real participants, participants to which we must remain open, which we must learn to enjoy, understand and distinguish – namely objects that are shaped by our interaction with them and that have become independent, although they cannot stop talking about our common past – in the club, the kitchen, the concert and the hospital.

Biographien

Biographies

HAROON MIRZA lebt und arbeitet in Sheffield
und London. Er hat einen BA in Malerei von der Winchester School of Art und einen BFA, den er im Rahmen eines
Malerei-Austauschprogramms mit der School of the Art
Institute in Chicago erwarb. Danach studierte er bis 2006
Design Critical Practice and Theory am Goldsmiths College
und bis 2007 Fine Arts am Chelsea College of Art & Design,
wo er jeweils mit einem MA abschloss. In der Folge erhielt
er Künstlerstipendien von The Island Sessions, Clocktower
Gallery, New York; The Factory, Lamu, Kenia; ACME, Fire
Station, London und dem National College of Arts, Lahore,
Pakistan.

Zu seinen Einzelausstellungen im Jahr 2012 zählen
z. B. --000 0--0000--0, Schering Stiftung, Berlin; \|\|\|\|
\|\|\, Kunst Halle Sankt Gallen, St. Gallen, /|/|/|/|/|/|/|/|/|/|
/|/|/|/|/|/|, Spike Island, Bristol, und /\/\/\ /\/\, University
of Michigan Museum of Art, Ann Arbor. Frühere Ausstellung
wurden u. a. gezeigt in der Lisson Gallery und dem Camden
Arts Centre, London (2011), bei VIVID, Birmingham, und
in der Mother's Tankstation, Dublin (2010) sowie in der
A-Foundation, Liverpool (2009).

Haroon Mirzas Arbeiten waren auch Bestandteil
vieler Gruppenausstellungen, darunter in jüngster Zeit
Intense Proximity, La Triennale Paris, Palais de Tokyo, Paris;
x_sound: On and After John Cage and Nam June Paik, Nam
June Paik Center, Korea; *Sound Art. Sound as a Medium of
Art*, ZKM | Zentrum für Kunst und Medientechnologie Karls-
ruhe (2012); *Is this where it ends?*, Kunstverein Harburger
Bahnhof, Hamburg, und *ILLUMInations*, 54. Venedig-
Biennale, (2011). Darüber hinaus war er beteiligt an Gruppenausstellungen in der Hayward Gallery, London; im S1
Artspace, Sheffield; im SMART Project Space, Amsterdam;
auf der 11. Istanbul-Biennale (Sheffield Pavillon); auf der

Liverpool-Biennale; im Cell Project Space, London; bei Generator Projects, Dundee (Großbritannien); bei Dreizehnzwei, Wien; in der Late at Tate, Tate Britain, London und bei Spike Island, Bristol.

Im Jahr 2010 erhielt Haroon Mirza den Northern Art Prize. Im Jahr 2011 wurde er auf der 54. Venedig-Biennale mit dem Silbernen Löwen als „most promising artist" ausgezeichnet. Jüngst wurde er mit dem Daiwa Foundation Art Prize 2012 geehrt.

HAROON MIRZA lives and works in Sheffield and London. He graduated with a BA in Fine Art Painting from the Winchester School of Art after also having taken part in the BFA Painting & Drawing exchange programme at the School of the Art Institute of Chicago. He studied Design Critical Practice and Theory at Goldsmiths College, graduating with an MA in 2006, and earned a second MA in Fine Arts at the Chelsea College of Art & Design in 2007. He has completed artist residencies at The Island Sessions, Clocktower Gallery, New York; The Factory, Lamu, Kenya; ACME Fire Station, London; and the National College of Arts, Lahore, Pakistan.

His solo exhibitions in 2012 include --{}{}{} {}--{}{}{}{}--{}, Ernst Schering Foundation, Berlin; \|\|\|\| \|\|\, Kunst Halle Sankt Gallen, St. Gallen; /|/|/|/|/|/|/|/|/|/|/|/|/|/|/|, Spike Island, Bristol; and /\/\/\ /\/\, University of Michigan Museum of Art, Ann Arbor. Previous shows were hosted by the Lisson Gallery and Camden Arts Centre, London (2011); VIVID, Birmingham, and Mother's Tankstation, Dublin (2010); and A-Foundation, Liverpool (2009).

Mirza's work has been part of various group exhibitions, including, most recently, *Intense Proximity*, La Triennale Paris, Palais de Tokyo, Paris, *x_sound: On and After John Cage and Nam June Paik*, Nam June Paik Center, Korea, *Sound Art. Sound as a Medium of Art*, ZKM | Center for Art and Media Karlsruhe (2012); *Is this where it ends?*, Kunstverein Harburger Bahnhof, Hamburg, and *ILLUMI-nations*, 54th Venice Biennale, (2011). He has also participated in shows at Hayward Gallery, London; S1 Artspace, Sheffield; SMART Project Space, Amsterdam; 11th Istanbul Biennale (Sheffield pavilion); Liverpool Bienniale; Cell Project Space, London; Generator Projects, Dundee (UK); Dreizehnzwei, Vienna; Late at Tate, Tate Britain, London; and Spike Island, Bristol.

In 2010, Mirza was awarded the Northern Art Prize. He received
the Silver Lion for most promising artist at the 54th Venice Biennale in
2011 and, most recently,
the Daiwa Foundation Art
Prize in 2012.

HEIKE CATHERINA
MERTENS **studierte
Kunstgeschichte, Philo-
sophie und Soziologie
in Münster und Berlin.
Nach einer wissenschaft-
lichen und publizistischen
Tätigkeit im Bereich der
zeitgenössischen Kunst
arbeitete sie seit 2000
als Kuratorin für Kunst im
öffentlichen Raum. 2001
gründete sie in Berlin den
Verein ‚stadtkunstprojekte‘
zur Förderung von Kunst
im Stadtraum, den sie bis
Anfang 2007 leitete. Seit
März 2007 arbeitet sie für
die Schering Stiftung, zunächst als Programmdirektorin für den Bereich
Kunst, heute als Vorstand Kultur und Sprecherin des Vorstandes.
Sie ist Mitglied im Beirat des Bundesverbandes Deutscher Stiftungen,
im Hochschulrat der Hochschule für Bildende Künste Hamburg und im
Kuratorium des KAIROS-Preises der Alfred Töpfer Stiftung F.V.S. sowie
stellvertretende Kuratoriumsvorsitzende der SYN Stiftung Kunst Design
Wissenschaft.**

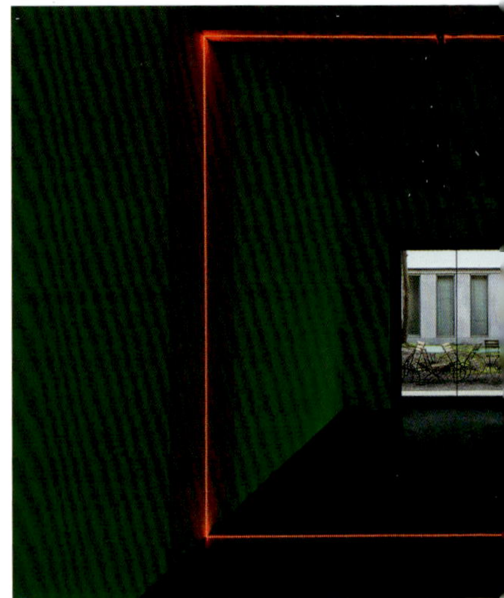

Digital Switchover, 2012, Kunst Halle Sankt Gallen

HEIKE CATHERINA MERTENS studied art history, philo-
sophy and sociology in Münster and Berlin. She was a researcher and
journalist in the area of contemporary art before she began working as
a curator of public art in 2000. In 2001, she founded the association
stadtkunstprojekte in Berlin with the purpose of promoting art in urban

space. She was the association's director until 2007. In March 2007, she joined the Ernst Schering Foundation as art programme director.

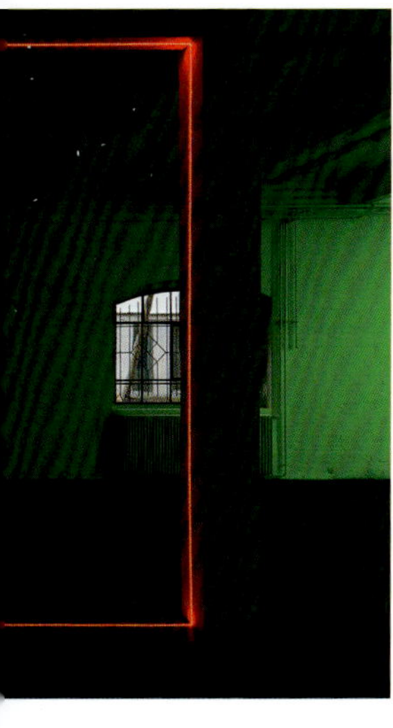

Today she is the foundation board's director of culture and spokesperson. She is a member in the advisory board of the Bundesverband Deutscher Stiftungen (Association of German Foundations), the Hochschulrat der Hochschule für Bildende Künste Hamburg (University Council of the University of Fine Arts of Hamburg) and the KAIROS Prize committee of the Alfred Toepfer Stiftung F. V. S. and also serves as the vice chair of the board of trustees of the SYN Stiftung Kunst Design Wissenschaft.

FRANZISKA SOLTE hat Kunstgeschichte, Kulturwissenschaften und Betriebswirtschaftslehre an der Humboldt-Universität zu Berlin studiert. Von 2009 bis 2010 war sie als kuratorische Assistentin von Susanne Pfeffer in den KW Institute for Contemporary Art, Berlin tätig. Mit Isabelle Busch leitet sie seit 2011 den Kunstverein Harburger Bahnhof in Hamburg, wo sie Ausstellungen mit Sunah Choi, Adrian Lohmüller, Haroon Mirza und Shahryar Nashat (u. a.) realisiert hat. Seit Juni 2012 ist sie außerdem wissenschaftliche Mitarbeiterin bei Prof. Dr. Charlotte Klonk am Institut für Kunst- und Bildgeschichte an der Humboldt-Universität zu Berlin.

FRANZISKA SOLTE studied art history, cultural studies and business administration at the Humboldt-Universität zu Berlin. From 2009 to 2011, she worked as a curatorial assistant to Susanne Pfeffer at KW Institute for Contemporary Art, Berlin. Since 2011, she and Isabelle Busch have been the artistic directors of the Kunstverein Harburger Bahnhof in Hamburg, where they have curated exhibitions by Sunah Choi, Adrian Lohmüller, Haroon Mirza and Shahryar Nashat. Since June 2012, she has also been a research assistant to Prof. Dr. Charlotte Klonk at the Institut für Kunst und Bildgeschichte (Institute of Art and Visual History) at the Humboldt-Universität zu Berlin.

DIEDRICH DIEDERICHSEN **war in den 1980er-Jahren als Redakteur und Herausgeber von Musikzeitschriften wie** *Sounds* **und** *Spex* **tätig. Nach diversen internationalen Lehraufträgen und Gastprofessuren in den 1990er-Jahren übernahm er 1998 die Professur für Ästhetische Theorie/Kulturwissenschaften an der Merz-Akademie, Stuttgart, die er bis 2007 innehatte. Seit 2006 ist er Professor für Theorie, Praxis und Vermittlung von Gegenwartskunst am Institut für Kunst- und Kulturwissenschaften der Akademie der Bildenden Künste, Wien. Diederichsens Veröffentlichungen zu Gegenwartskunst, Pop-Musik und zeitgenössischer Musik, Kino, Theater, Design und Politik erscheinen regelmäßig in Zeitungen und Zeitschriften wie der** *tageszeitung, Die Zeit, theater heute, Texte zur Kunst, Jungle World* **sowie in Katalogen und Anthologien. (Ausführliche Veröffentlichungsliste unter http:// diedrich-diederichsen.de)**

In the 1980s, **DIEDRICH DIEDERICHSEN** was editor and publisher of German music magazines such as *Sounds* and *Spex*. Since the 90s, he has worked internationally as a university lecturer and visiting and associate professor and was Professor for Aesthetic Theory and Cultural Studies at the Merz Academy in Stuttgart 1998–2007. He has been Professor for Theory, Practice and Communication of Contemporary Arts at the Institute of Art Theory and Cultural Studies of the Academy of Fine Arts in Vienna since 2006. Diederichsen's written works on contemporary art, contemporary and pop music, cinema, theatre, design and politics are published regularly in newspapers and journals, including *tageszeitung, Die Zeit, theater heute, Texte zur Kunst, Jungle World*, as well as in catalogues and anthologies. (A list of publications can be found at http://diedrich-diederichsen.de.)

Abbildungsnachweis
Photo credits

Fotografie | Photography

Peter Horn: 14–15, **mit freundlicher Genehmigung des Künstlers und Lisson Gallery** | courtesy the artist and Lisson Gallery

Gunnar Meier: 44–51, 58–59, **mit freundlicher Genehmigung des Künstlers** | courtesy the artist

Omar Mirza: 7, 11, **mit freundlicher Genehmigung des Künstlers und Lisson Gallery** | courtesy the artist and Lisson Gallery

Michael Pfisterer: 26, **mit freundlicher Genehmigung des Künstlers und Lisson Gallery** | courtesy the artist and Lisson Gallery

Uwe Walter: 4, 30–37, © **Schering Stiftung, Berlin**

Julia Zimmermann: 18, © **Schering Stiftung, Berlin**

8–9, publiziert mit freundlicher Genehmigung von | published with kind permission of **Gingko Press and the Estate of Jerome Agel**

20–23, © 2012 Regents of the University of Michigan, mit freundlicher Genehmigung durch | courtesy **University of Michigan Museum of Art**

41–42, mit freundlicher Genehmigung des Künstlers | courtesy the artist

53, mit freundlicher Genehmigung des Künstlers und Lisson Gallery | courtesy the artist and Lisson Gallery

DVD

Haroon Mirza, *Detroit*, 2012, University of Michigan Museum of Art, Michigan. © 2012 Regents of the University of Michigan, mit freundlicher Genehmigung durch | courtesy **University of Michigan Museum of Art**

Haroon Mirza, *Digital Switchover*, 2012, Kunst Halle Sankt Gallen, St. Gallen. Finale Dokumentation | final documentation. **Gefilmt von** | filmed by **Gunnar Meier, bearbeitet von** | edited by **Haroon Mirza**

Haroon Mirza, *Acid Reign*, 2012, Schering Stiftung, Berlin. Finale Dokumentation | final documentation. **Gefilmt von** | filmed by **Jan D. Fritz, Tonaufnahme von** | sound recording by **Ben Barwise, bearbeitet von** | edited by **Haroon Mirza**

Dieses Buch mit DVD erscheint als Band 2 der Schriftenreihe der Schering Stiftung anlässlich der Ausstellung Haroon Mirza: --{}{}{} {}--{}{} {}{}--{}, kuratiert von Franziska Solte im Projektraum der Schering Stiftung vom 25. Mai bis 21. Juli 2012.

This book and DVD are published as volume 2 in the Ernst Schering Foundation's Publication Series on the occasion of the exhibition Haroon Mirza: --{}{}{} {}--{}{}{}{}--{}, curated by Franziska Solte at the Foundation's Project Space from May 25 to July 21, 2012.

Veröffentlicht in Kooperation mit Lisson Gallery, London.
Published in Cooperation with Lisson Gallery, London.

LISSON GALLERY

Herausgeber | Editors
Heike Catherina Mertens,
Franziska Solte

Redaktion | Managing Editor
Friederike Petersen

Lektorat | Copyediting
Vanessa Adler

Übersetzungen | Translations
Dr. Ingo Maerker, Michelle Miles

Grafische Gestaltung und Satz |
Graphic Design and Typesetting
Stefan Guzy, Björn Wiede
(Zwölf, Berlin)

Reihengestaltung | Design of the
Publication Series
Delia Keller (Gestaltung Berlin)

**Herstellung und Verpackungs-
produktion** | Production Management
and Packaging
Marcus Lisse (Zwölf, Berlin)

Bildbearbeitung | Color correction
Simon Adrian (S. 20–23 | pp. 20–23)

Schrift | Typeface
Akzidenz Grotesk

Papier | Paper
Maschinengraukarton 300g/m²,
Hello Silk 170g/m²

Druck | Printing
Pinguin Druck GmbH

Produktion DVD | Production DVD
wave-line GmbH

Erschienen bei | Published by

✳ argobooks
Choriner Straße 57
10435 Berlin
Deutschland | Germany
Tel. +49 30 78706994
www.argobooks.de

ISBN: 978-3942700-25-2
Printed in Germany

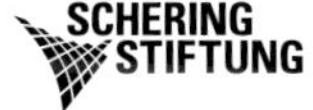

Schering Stiftung
Unter den Linden 32–34
10117 Berlin
Deutschland | Germany
www.scheringstiftung.de